eビジネス新書

No.41

経済

企業価値の新常識

非財務情報の衝撃

週刊東洋経済eビジネス新書 No.411

企業価値の新常識

本書は、東洋経済新報社刊『週刊東洋経済』2022年1月22日号より抜粋、加筆修正のうえ制作しています。情報は底本編集当時のものです。（標準読了時間 90分）

企業価値の新常識　目次

「非財務」で生きる会社・死ぬ会社

株価を決める〝非財務情報〟

アップルやグーグルの株価は上昇が続くが、その理由はバランスシートや損益計算書ではわからない。今や企業価値を決める最大の要因は、人材や技術力、ブランド、企業統治、環境変化への対応能力など財務諸表に載らない「非財務資本」だ。

非財務資本を厚くする努力に加えて、企業はマイナス情報を含めた「非財務情報」をうまく投資家に伝える必要がある。

優れた開示を行えば企業価値の向上につながる一方で、開示が不十分だとしびれを切らした機関投資家から株主提案を受けたり、株を売られたりすることになる。単に「温室効果ガスの排出を減らせばよい」と高をくっていてはすぐ手遅れになる。

情報開示を迫られる企業に激変期が訪れるとともに、提出された情報をチェックする側の監査業界にも大きな波が押し寄せている。

監査法人は監査項目の増大で慢性的に人手不足だ。働き方改革が作業急増に追いついていない。そこで大手は監査先を絞り、監査報酬の引き上げに走る。その圧力に耐えかねた一部の企業は大手から準大手や中小へと鞍替えしている。

受け皿となった準大手・中小には規制強化が立ちふさがる。新たな登録制の導入案がまとまり、法改正を目指して国会審議を控えている。法案が通れば、中小監査法人や個人事務所が上場企業の監査から締め出されかねない。

企業価値の新常識をめぐる混乱とその対処法を追った。

日本企業の時価総額はなぜ低い

まだ正月ムードが色濃い2022年1月3日、米IT大手アップルの時価総額が3兆ドル（約340兆円）の大台を突破したことは、市場関係者に衝撃を与えた。それもそのはず。東京証券取引所1部上場2185社の時価総額は合計で約730兆円。アップル1社に東証1部全体の半分近い値段がついたのだ。

いったい、なぜここまでの高値がついたのか。それを知るために、アップルの貸借対照表や損益計算書などの決算書類を見ても、実はほとんど意味がない。

例えば、貸借対照表には企業の「正味価値」「解散価値」などと呼ばれている株主資本が載っている。アップルの株主資本は約7兆円。実はこの金額はソニーグループのそれとほぼ同じ。でありながら、時価総額では足元でアップルが約330兆円なのに対し、ソニーは18兆円と大きな差がある。

アップルの時価総額のうち、株主資本で説明できる部分はわずか2%しかない。残りの98%、320兆円以上の価値は決算書類のどこにも載っていないのだ。

近年、時価総額のうち株主資本以外の部分は「非財務資本」と呼ばれるようになっている。

ソニーの非財務資本は10兆円強。アップルはソニーの30倍だ。非財務資本の差が両社の時価総額の差につながっている。

価値の源泉は?

時価総額は、一般的にその企業が将来生み出す収益への期待を反映していると考えられている。

従来、企業の将来収益は主に過去の業績で予測されてきた。しかし、米ニューヨーク大学のバルーク・レブ教授らが行った実証研究では、過去の業績が現在の時価総額を説明する力はどんどん弱くなってきていることがわかった。

つまり非財務資本とは、過去の業績に代わって将来生み出す収益を説明する要素と言い換えることもできる。

製造業が産業の中心だった時代には、将来の収益が現在までの稼ぎの延長線上にあると考えられた。工場の規模を見れば、収益がある程度予想できたからだ。

しかし、現在では産業の中心がサービス産業に移っている。ネット系のサービスを見ればわかるとおり、ユーザーが増えてもコストは増えにくく、収益だけがどんどん増える。が、肝心のユーザー数は決算書類に載っていない。

また、新型コロナウイルスによるパンデミックが象徴するように、企業経営は不確実性を増している。とくに気候変動やDXといった変化の波は年々大きくなる一方で、過去と同等の利益を将来にわたって稼ぎ出せるかどうかも怪しい。

投資家が過去の業績に代わって将来の収益予測に活用しているのは、例えば動画配信サービスを利用する顧客の数や、新薬の開発パイプラインなど、決算書類に載っていない「非財務情報」だ。投資家は企業がどういう戦略を立てているのか、その戦略が実際に成功しそうなのか、どの程度のリスクがあるのかを注視している。

非財務情報に対する投資家の需要の大きさに気づいた企業側は、開示に注力するようになってきた。経営戦略や企業の存在意義などを説明するための報告書を発行する企業は年々増えている。

ただ、日本企業のこの分野での取り組みはまだ十分とはいえない。東証1部でも時価総額が株主資本を下回る、つまりPBR（株価純資産倍率）1倍割れの企業が1100社以上ある。これは非財務資本がマイナスであることを意味する。東証1部全体でもPBRは1倍をわずかに上回る程度だ。

米国の代表的な株価指数であるS&P500の構成銘柄平均PBRは4倍近い。裏を返せば、日本企業の非財務資本には、まだまだ伸びしろがあるのかもしれない。

非財務開示は待ったなし

財務情報以外への関心が国際的に高まる中で、より高度な開示を求める枠組みの導入が進む。その1つがTCFD（気候関連財務情報開示タスクフォース）だ。

気候変動に関わるガバナンス、戦略、リスク管理、指標と目標の4つを柱に、11項目の開示を求める枠組みで、「シナリオ分析」が特徴だ。これは地球全体の温度が今世紀末までに2度や4度上昇すると想定したときに、どのようなリスクや収益機会があるのか、具体的に算定するよう求めている。

2022年4月に誕生した東証のプライム市場上場1841社にはTCFDに準じた情報開示が求められる。対応が遅れれば投資家から理由の説明を求められたり、株を売られたり、適切な対応をするよう株主提案を受ける可能性がある。

さらに海外を含めて、人的資本の開示を促す動きも出てきた。各企業がそれぞれの経営戦略を実現するために、どのような人材が必要なのかを考え、どうやってその人材を確保していくのか説明することを求めるものだ。米国では上場企業に開示が義務化されるなど、環境関連開示の次のトピックとして浮上している。

情報開示の充実に対する要求が強まっているのは、世界的にESG（環境・社会・企業統治）の意識が高まりつつあることとも深く関係している。企業活動が地球環境や社会全体に与える影響が年々大きくなってきているからだ。

非財務情報開示への対応が遅れれば、投資家からは魅力のない企業と見なされ、企業価値を低下させることになりかねない。

一方で開示を充実させ、経営戦略に取り込むことができれば、従来以上に投資家の関心を集め、企業価値を伸ばすことができるだろう。非財務情報の開示度合いが企業の生死を左右する時代がすぐそこまで来ている。


（梅垣勇人）

「非財務開示」の充実が株主との対話のカギだ

Morrow Sodali Japan ディレクター・古木謙太郎

巨額のマネーを運用する機関投資家が非財務情報の開示に目を凝らしている。企業側が開示で手を抜けば、対話で改善を求められたり、株主提案に発展したりする可能性がある。

そもそも中長期で資金を投じる機関投資家は、企業の業績や財務状況など、決算資料でわかる内容だけを見ていたのではない。以前から、将来の事業パフォーマンスの基盤となる、非財務的要素も重視していたのだ。

ESGへの関心の高まりは非財務情報重視の風潮に拍車をかけている。二酸化炭素(CO2)を大量に排出する企業への投融資には厳しい視線が向けられる。環境対策を装うＥＳＧウォッシュを防ぐ目的で導入された、欧州のサステイナブルファイナンス開示規則（ＳＦＤＲ）など規制当局の圧力もこれらの流れを後押しする。

当社が、総額約２９兆米ドル（約３３００兆円）を運用する世界の主要機関投資家42社に行った「機関投資家調査２０２１」によれば、９５％の投資家が「ＥＳＧ関連リスク・機会を考慮する重要性が高まった」と答えた。

環境や社会への影響を考慮した投資は国内でも日々拡大している。日本サステナブル投資フォーラムによれば、日本におけるサステイナブル関連の投資残高は足元で急拡大、２０２１年3月には約５１４兆円に達した。

ＥＳＧを重視した銘柄選択は今後もさらに加速するだろう。機関投資家が投資対象の企業を分析する際に必要な非財務情報の提供は、機関投資家に選ばれるための最低条件となっている。

最大の関心は気候変動

数あるＥＳＧテーマのうち、機関投資家が最も高い関心を寄せるのが気候変動だ。機関投資家の９７％が気候変動を投資判断で「非常に重要」または「やや重要」と回答している。

中でも注目すべきなのが気候関連財務情報開示タスクフォース（ＴＣＦＤ）提言だ。調査によれば、機関投資家の７５％が、ＴＣＦＤをＥＳＧ情報開示で最も信頼する枠組みと見なしているからだ。これはＳＡＳＢ（米サステイナビリティー会計基準審議会、５３％）、企業独自の開示（３９％）、ＣＤＰ（英環境評価ＮＧＯ、３３％）など、ほかの開示枠組みを大幅に上回る水準である。

ＴＣＦＤ提言は単に温暖化リスクを分析する枠組みではない。企業が気候変動リスクと機会を把握・評価し、経営戦略とリスク管理に反映させ、財務上の影響を計測、開示することを求める。投資家が長期的に企業を評価するうえで戦略的思考に基づく情報開示が求められている。

日本はＴＣＦＤ提言に賛同する企業が世界で最も多く、積極的な取り組みを評価する声もある。２１年１０月現在、５４２の日本企業・機関が賛同を表明している。

だが現段階で機関投資家の高い期待に応える開示を行う企業は少ない。東京証券取引所によれば、２１年3月末時点でＴＣＦＤ提言に賛同済みの上場企業２５９社のうち、いわゆるサステイナビリティーリポートを発行する企業は１１９社、ＴＣＦＤリポートを発行する企業は１４社にとどまる。

同提言によって開示が推奨される１１項目すべてを開示した企業も４２社だけだった。さらなる情報開示が、世界の機関投資家が日本企業を前向きに評価する契機となることを期待したい。

機関投資家が非財務情報を重視する場面は投資判断に限らない。ＥＳＧリスク・機会を考慮する重要性が２１年に比べ高まったタイミングを尋ねた調査では、９８％が投資先企業へのエンゲージメント（対話）活動の際、８５％が議決権行使の際と回答している。

預かった資金の運用成績を最大化する責任がある機関投資家は、企業に改善を提案することで運用成績の向上と社会的責任の両立を目指す。開示や取り組みが不十分だからといって、すぐに株式を売却していては、ＥＳＧに無関心な投資家に株主の権利を移転することになりかねないからだ。

そのため、年金の運用会社など幅広い資産や株式市場全体に投資する機関投資家も、企業への働きかけには積極的だ。ＥＳＧパフォーマンスや情報開示において、機関投資家の期待を満たさない企業に対する改善要求は、今後ますます高まるだろう。

機関投資家によるエンゲージメント活動の対象分野は多様化している。過去1年間に機関投資家がとくに重視したテーマは、①気候変動、②取締役会の構成と実効性や人材マネジメント、③役員報酬、④新型コロナウイルスへの対応であった。また、サプライチェーン・マネジメント、サイバーセキュリティー、エコシステムへの影響にも関心が集まった。企業にはこうした関心の高まりへの対応が求められる。

株主提案に至る事例も

もし企業との対話では十分な成果が得られない場合、機関投資家は議決権行使を通じて企業経営の改善を求めることになる。調査に協力した機関投資家の５８％が、今後ＥＳＧに関連して「自らが株主提案を行う可能性がある」と回答している。

　さらに機関投資家の不満を放置すれば、モノ言う株主（アクティビスト）の介入を招き、機関投資家がその活動を支持する可能性もある。当社調査では６６％の機関投資家が、多くの株主が支持しうるアクティビストの提案に対して企業の対応が不十分な場合、提案に賛同する可能性があるとした。

　近年は日本でも気候変動に関する株主提案が増えている。環境ＮＰＯの提案に対し、一定数の機関投資家が支持を表明した事例があった。今後、ＥＳＧ関連の株主提案がほかの企業や業界、そして別のＥＳＧテーマに拡大することは、十分に考えられるだろう。

　機関投資家のＥＳＧ重視の流れは不可逆的である。投資戦略上の動機に加え、顧客の要望や社会的要請という運用会社に直結する圧力が背景にあるからだ。

投資残高は6年で19倍に急伸
—国内のESG投資残高—

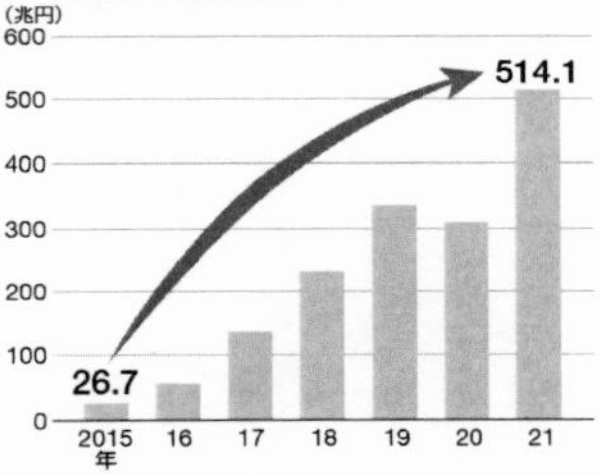

(注)各3月末 (出所)日本サステナブル投資フォーラムの資料を基に東洋経済作成

投資判断への影響は大きい
—高まるESG開示への関心度合い—

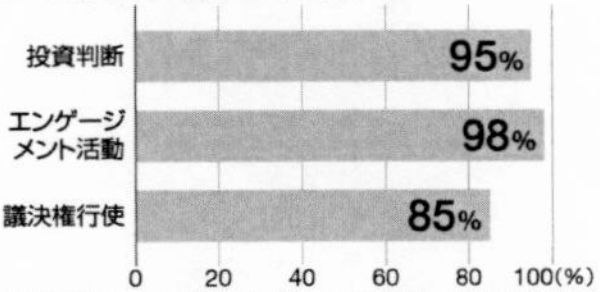

(注)各項目について「昨年と比べて、ESG分野のリスクや機会に関する開示の重要性が増していますか」という質問に対して「はい」と答えた運用会社の割合 (出所)モロー・ソダリ「Institutional Investor Survey 2021」を基に東洋経済作成

6割近くの投資家が株主提案を検討
—ESG関連の株主提案検討比率—

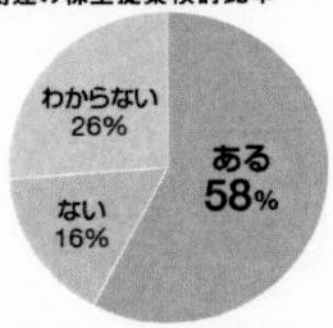

(注)「ESGに関する株主提案を行う可能性がありますか」という質問への回答 (出所) モロー・ソダリ「Institutional Investor Survey 2021」を基に東洋経済作成

他方、こうした流れは、長期的視点で企業価値の最大化を目指す経営陣を支援するものである。より多くの企業が、積極的な非財務情報の開示と機関投資家との建設的な対話を通じ、企業の本源的価値を深く理解する株主を発掘・育成してほしい。

古木謙太郎（こぎ・けんたろう）

シティグループ証券、アリアンツ・グローバル・インベスターズなどにて、株式調査、エンゲージメント活動、議決権行使に従事。2021年11月から現職。中央大学非常勤講師。

プライム1841社に期限迫る

超難関「シナリオ分析」を4ステップで徹底攻略

デロイト トーマツ グループ　パートナー・丹羽弘善
同　シニアコンサルタント・奥村ゆり

「正直、何から手をつければいいのか、まったくわからない」――。

今、多くの上場企業が頭を抱えるのが、「TCFD開示」への対応だ。4月以降に東証プライム市場に上場する1841社が6月末までに何らかの対応を迫られる。

TCFD（気候関連財務情報開示タスクフォース）提言では、「ガバナンス」「戦略」「リスク管理」「指標と目標」の4項目を全産業共通の開示項目としている。項目名を見ればわかるとおり、TCFD開示は単なる〝環境対応〟開示ではない。

とくに「戦略」への対応が企業にとっては難しい。自社事業において、マテリアル

（企業経営上で重要）な気候関連のリスク・機会を把握し、経営戦略に組み入れることを求められるからだ。中でも「シナリオ分析」が最大の難所といわれる。ここではそのシナリオ分析を4つのステップに分けて、解説していく。

開示担当だけでは対処できない
—TCFD開示のシナリオ分析実施方法—

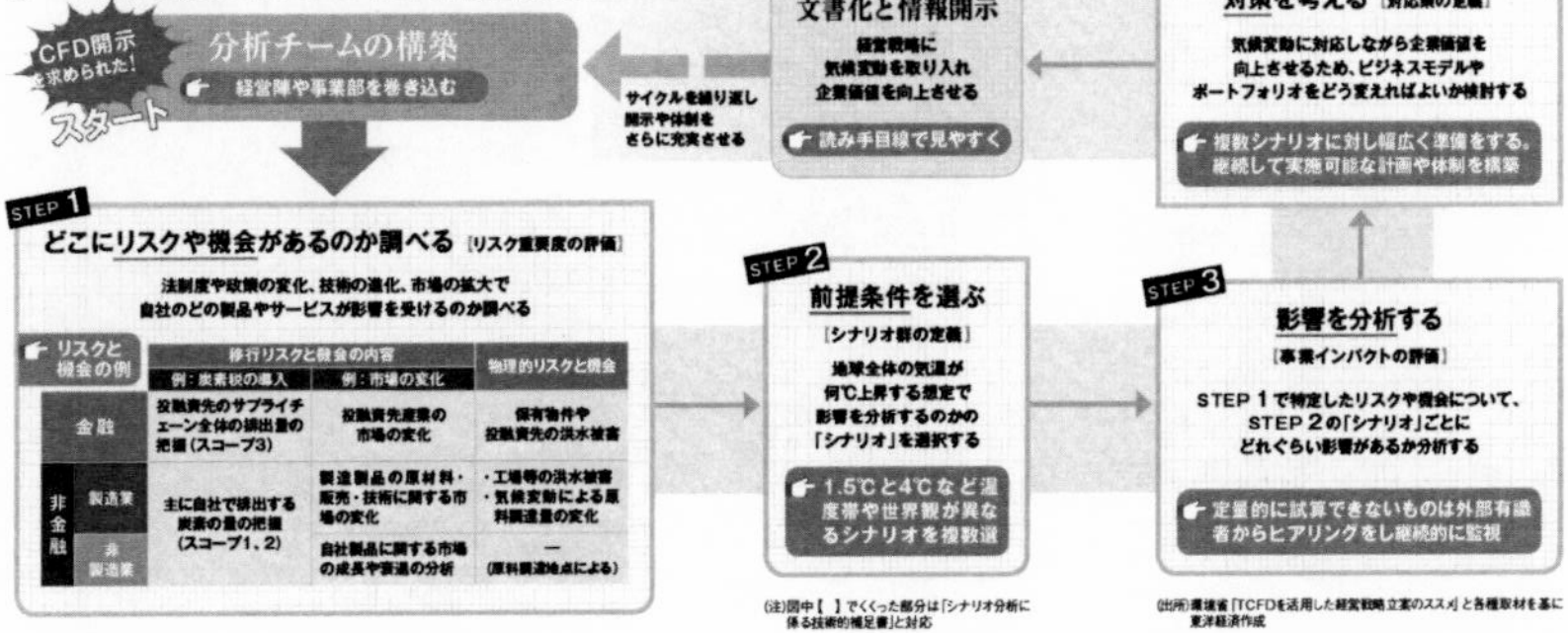

		移行リスクと機会の内容 例：炭素税の導入	移行リスクと機会の内容 例：市場の変化	物理的リスクと機会
金融		投融資先のサプライチェーン全体の排出量の把握（スコープ3）	投融資先産業の市場の変化	保有物件や投融資先の洪水被害
非金融	製造業	主に自社で排出する炭素の量の把握（スコープ1、2）	製造製品の原材料・販売・技術に関する市場の変化	・工場等の洪水被害 ・気候変動による原料調達量の変化
非金融	非製造業	主に自社で排出する炭素の量の把握（スコープ1、2）	自社製品に関する市場の成長や衰退の分析	― （原料調達地点による）

（注）図中【　】でくくった部分は「シナリオ分析に係る技術的補足書」と対応

（出所）環境省「TCFDを活用した経営戦略立案のススメ」と各種取材を基に東洋経済作成

最初に行うべきは、気候変動で自社のどの製品やサービスに影響があるのか特定することだ（ステップ1）。

ＴＣＦＤでは、気候変動による影響を「移行リスク」と「物理的リスク」に分けて考える。移行リスクとは、主に社会全体で温室効果ガスの排出量を下げようとするときの政策による影響のこと。炭素税の導入が一例だ。

一方、物理的リスクとは、気候変動による災害の影響のことだ。短期的には異常気象の激甚化による集中豪雨、中長期的には海面上昇や洪水・火災の増加、植生の変化などが考えられる。

市場の変化に関するリスクや機会も見逃せない。温暖化を抑える1・5度（上昇）シナリオの世界観では、脱炭素に貢献する製品、サプライチェーンを通じて脱炭素化されている製品が普及するだろう。自社の製品やサービスが炭素を多く排出するのであればリスクだが、反対に排出量の低減に役立つのであれば新たな収益機会が広がると捉えることもできる。

気候変動による影響は産業セクターごとに異なるうえ、同じセクターでも製品やサービスごとに状況が違う。まずはどのような製品が影響を受けるのか考えてみてほしい。

次に、分析の前提となる「シナリオ」を選ぶ（ステップ2）。具体的には、産業革命前と比べた地球の気温上昇が何度と想定するかが問われている。2度以下シナリオを含む複数のシナリオを利用した分析が基本で、「1・5度シナリオ」および「2度より大きいシナリオ（例えば移行リスクでは2・6度、物理的リスクでは4度）」を選択することが想定される。

炭素税や洪水の影響は？

ステップ3でいよいよ実際の影響分析に入る。ステップ1で把握したリスクや機会について、ステップ2で設定したシナリオに基づき、財務的な影響を把握していく。

例えば炭素税の影響計算では、温室効果ガス排出量に、炭素価格の将来予測値を掛け合わせる。1・5度シナリオでは、先進国での炭素価格が2050年時点で2万

8500円／二酸化炭素（CO2）トンを超えると想定されているため、「2万8500円／CO2トン × CO2排出量」でインパクトの概算が可能となる。

物理的リスク（洪水など）では、まずハザードマップを見よう。過去に洪水被害を受けた自社拠点がある場合、被害拠点と同様の浸水深に位置する拠点は物理的リスクがあるといえる。

21世紀末には今と比べて約4倍の被害になる（国土交通省「気候変動を踏まえた治水計画に係る技術検討会」）と想定されるので、被害拠点と同様の浸水深に位置する拠点数×被害額（過去実績）× 3倍（4倍マイナス1倍）が被害額の増加分の最大推計となる。

市場の変化については、自社製品が〝座礁製品〟になる可能性を把握する。対象製品が売れなくなった際の売り上げ損失が財務的インパクトだと仮定できる。例えばCCS（CO2貯留）の付帯していない石炭などが典型例だ。

仕上げに、影響への対応策を検討する（ステップ4）。このときポイントとなるのが、気候変動によるリスクや機会と企業価値の向上をどのように結び付けるかだ。ここでは主に気候変動によって発生する損失の可能性について見てきたが、社会全体が脱炭素に向けて進む中で、取り組み次第では潜在的な収益機会も大きい。

同時に、開示後のスケジュールにも目を配りたい。シナリオ分析は一度行えば終わりというものではなく、定期的に見直しを続け、経営戦略との融合を図る必要がある。各ステップを繰り返し行うことで、徐々に想定の精度が高まり、開示の質は向上していくはずだ。環境省の資料なども参考に、まずは実際に取り組んでみてほしい。

丹羽弘善（にわ・ひろよし）
東京大学大学院先端エネルギー工学専攻卒業。気候変動関連のシステム工学・金融工学が専門。

奥村ゆり（おくむら・ゆり）
経済産業省のＴＣＦＤガイダンス策定、環境省のＴＣＦＤ実践ガイド策定に従事。

人的資本の開示で企業価値を向上させる

非財務情報の開示で、気候変動への対応の〝次〟として注目を集めているのが「人的資本」である。

人材を人財と言い換える企業があるように、これまでも人材の重要性は強調されてきた。一方、従業員をコスト要因と見なす企業も少なくない。そうではなく、個々の従業員を、付加価値を生み出しうる「資本」と捉える考えが、人的資本という言葉に込められている。

2020年9月に経済産業省がまとめた「持続的な企業価値の向上と人的資本に関する研究会 報告書〈人材版伊藤レポート〉」は、「人的資本の価値創造は企業価値創造の中核に位置する」と言い切っている。近年、人的資本が重要視されているのは、工場などの生産設備や単純作業を行う労働力以上に、開発や設計を担う「人」の生み出す能力が企業価値にとって重要になっているからだ。

さらに、2021年に改訂されたコーポレートガバナンス・コード（CGコード）の補充原則に「自社の経営戦略・経営課題との整合性を意識しつつわかりやすく具体的に情報を開示・提供すべき」1つとして人的資本が位置づけられた。

CGコードの補充原則は、東証プライム市場の上場企業は〝より高水準〟の順守（コンプライ）を、スタンダード市場でも順守を求められる。順守しない場合、説明（エクスプレイン）をすればいいが、説得力ある説明ができなければ投資家の評価は下がりかねない。

開示の詳細は未定

「人的資本の開示は国際的な議論がまったく収束していない」と指摘するのは、非財務情報の開示を推進する経産省・経済産業政策局の担当者だ。

実は、人的資本について何をどのように開示するかが、国際的にも決められていないのだ。気候変動への対応についてはＴＣＦＤという開示の枠組みが決められているのとは対照的である。そこが企業にとって悩ましい。

ＳＤＧｓ（持続可能な開発目標）の１７の目標のうち、④質の高い教育をみんなに、⑤ジェンダー平等を実現しよう、⑧働きがいも経済成長も、と関連してＣＳＲリポートなどで人材関連の情報開示が少しずつ充実してきてはいる。

もっとも、その内容は従業員の男女比や外国人比率、女性採用実績、育児休業取得数といった数値データを中心に、ダイバーシティーや人材育成の取り組みの説明にとどまっている。そうした人材関連データの開示に意味がないわけではないが、投資家を満足させる人的資本の開示にはまだ遠い。

では、人的資本をどのように開示すればいいのか。本特集で複数の識者に取材したものの、「ズバリこれさえ開示すればよい」というものは出てこなかった。その中で挙がった内容を、東洋経済でまとめたのが次図である。

人的資本を考えることは経営戦略を考えること
—人的資本の開示への望ましい アプローチ—

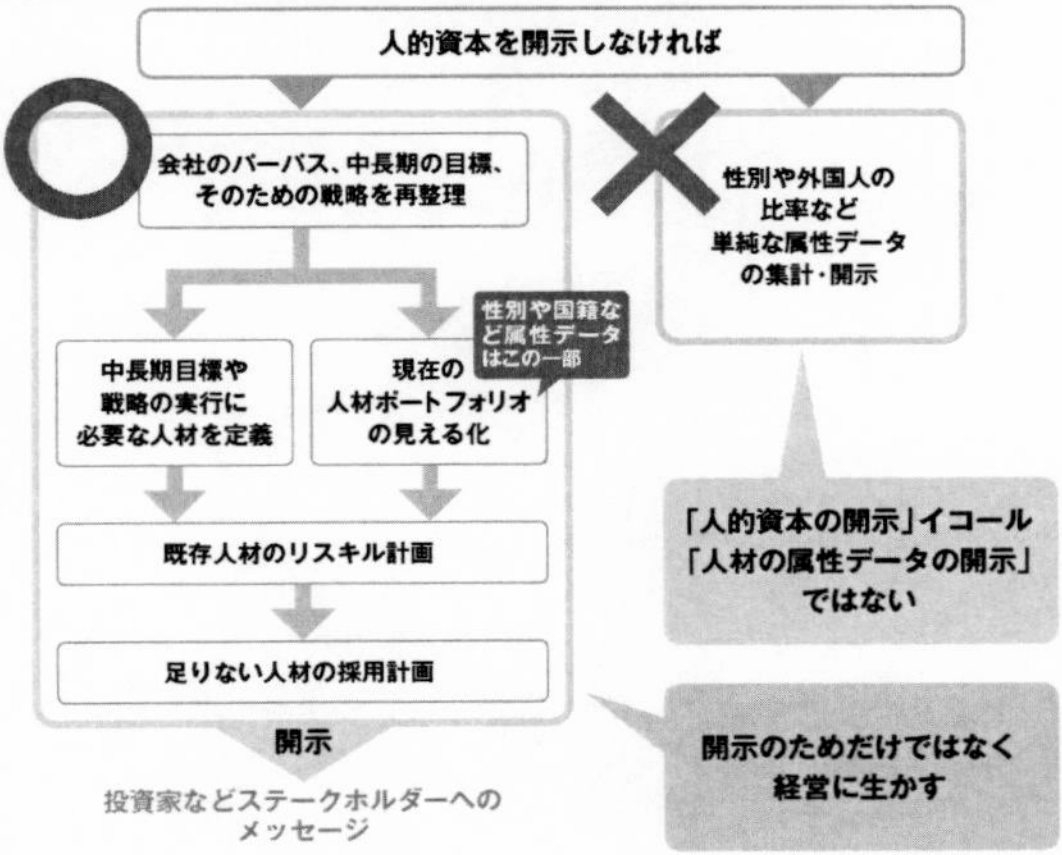
人的資本を開示しなければ
会社のパーパス、中長期の目標、
そのための戦略を再整理
中長期目標や
戦略の実行に
必要な人材を定義
現在の
人材ポートフォリオ
の見える化
性別や国籍など属性データはこの一部
既存人材のリスキル計画
足りない人材の採用計画
開示
投資家などステークホルダーへの
メッセージ
性別や外国人の
比率など
単純な属性データ
の集計・開示
「人的資本の開示」イコール
「人材の属性データの開示」
ではない
開示のためだけではなく
経営に生かす

(出所)有識者への取材を基に東洋経済作成

まず前提として、会社のパーパス（目的）、中長期の目標、そのための事業戦略などを再整理する。目的が明確な企業はよいが、定まっていない企業もあるはずだ。

次にこれらを実行するために必要な人材を定義する。並行して現在の人材ポートフォリオを把握し「見える化」する。「デジタル人材が必要なので、何年以内に何人採用する」といった開示をする企業があるが、空手形になりかねない目標を設定する前に、どういった人材がいて、何ができるのか（何ができないのか）を明確にすることが重要だ。

中長期的に必要となる人材がいない場合でも、既存人材のリスキル（再教育）で対応できるようならそれに越したことはない。リスキル計画を作成し着々と実行していく。それでも足りない人材は獲得するための採用計画を作る。どちらの場合も、人事・報酬制度の見直しが検討課題に挙がるだろう。

こうした一連の工程で得られた知見の中から、企業として投資家や採用したい人材へのアピールを、データを含めて開示していけば、CGコードにある「自社の経営戦略との整合性を意識」した人的資本の開示になるはずだ。さらに、これらの工程は単に開示のためだけではなく、経営にも生かすことができよう。

最初は完璧を目指さない

参考になる事例はあるか。よく挙げられるのは、後のページでも取り上げているエーザイの「価値創造レポート」や、伊藤忠商事の「統合レポート」。また、従業員が自社の強みであること、スキルやモチベーションを上げる具体策を丁寧に述べた上新電機の「まごころ統合報告書」も参考になる。

上新電機でユニークなのは、年度ごとの内部通報件数を時系列で開示していること。件数は年々少しずつ増えている。マイナス情報にも見えるが、従業員の経営への信頼感の向上やオープンな社風への会社側の自信の表れとも受け取れる。いずれにしろ、開示が投資家との対話のきっかけになる可能性は高い。

重要なことがある。非財務資本の開示全般にいえるが、いきなり完璧な開示を目指さないことだ。

「人事担当にとってこれまで開示は仕事になかった。しかも人事担当だけで人的資本の開示はできない。社内のネットワーキングから始めるので3年くらいかかりますよ、と言っている」と語るのは、統合報告書の作成支援などを行う日本シェアホルダーサービスの小澤ひろこチーフコンサルタント。

「初年度は核となるものをつくる。1年目はそれだけで手いっぱいになることが多い。2年目は中だるみするが本質的な課題が見えてくる」(小澤氏)。投資家などからの反応もあるから、それを基に改善していけばいい。

また、人的資本の開示について「初めは投資家を意識しすぎなくていい。投資家に対してよりも、自社での見える化のほうが最初は大事。そこから一生懸命調査をして、変化や潜在力の〝尻尾〟を見つけるのが投資家の役割」と指摘するのは、企業と機関投資家の対話支援を行うアストナリング・アドバイザーの三瓶裕喜代表だ。

人的資本の開示にはまだ定まった型がない。企業の姿勢が問われるのはもちろんだが、一律の比較が難しいため、開示情報を見極める投資家の力量もまた問われることになる。

(山田雄大)

【事例研究】

10年後「稼ぐ力」の上手な示し方

企業価値の大部分が将来の「稼ぐ力」に対する期待で形成される時代だ。しかし、まだ見ぬ未来の稼ぐ力をどうやって説明すればよいのか。しかも気候変動の影響や人的資本の考え方を踏まえてとなると、ことさら難しい。ここでは先行事例をいくつか紹介する。これらを参考に自社なりの情報開示をつくり上げてほしい。

【製薬】エーザイ　柳モデルが解明したESGの価値

ＥＳＧへの取り組みがどれだけ企業価値の上昇につながっているか。製薬大手のエーザイは、２０２１年の「エーザイ価値創造レポート」（旧統合報告書）において、その効果を定量的に分析した結果を掲載した。

これは、ESGに関するさまざまな指標を向上させると、決算書では見えない非財務資本として企業価値をどれだけ生み出すかを具体的に示したもの。つまり、ESG投資がどれだけPBR（株価純資産倍率）を向上させるかを説明しているものだ。

エーザイの場合、貸借対照表に計上された純資産は約7300億円。一方、株式市場からの評価である時価総額は約2兆円。差額の約1・3兆円が、〝見えない価値〟に由来しているという考え方だ。

過去28年の分析で説明

具体的には人件費や研究開発費、女性管理職比率などエーザイが定めた88のESG指標を平均12年分さかのぼり、過去28年分のPBRと照合。ESG指標の変化がPBRにどう影響したかを分析した。

その際には「遅延浸透効果」も考慮している。例えば、女性管理職比率を高めた年にすぐ企業価値が向上するわけではなく、効果は数年経った後に表れると想定。88のESG指標を各年度のPBRと比べることで、指標が改善してから効果が表れるまでの年数も導き出している。シミュレーションのパターンは約3万種類に及ぶ。

それぞれのESG指標とPBRとの関係性を導き出した結果が次図だ。

☑ Check Point

見えない価値を見える化

ESGの指標が上がればPBRも増大する
—エーザイによるESGと企業評価の実証研究—

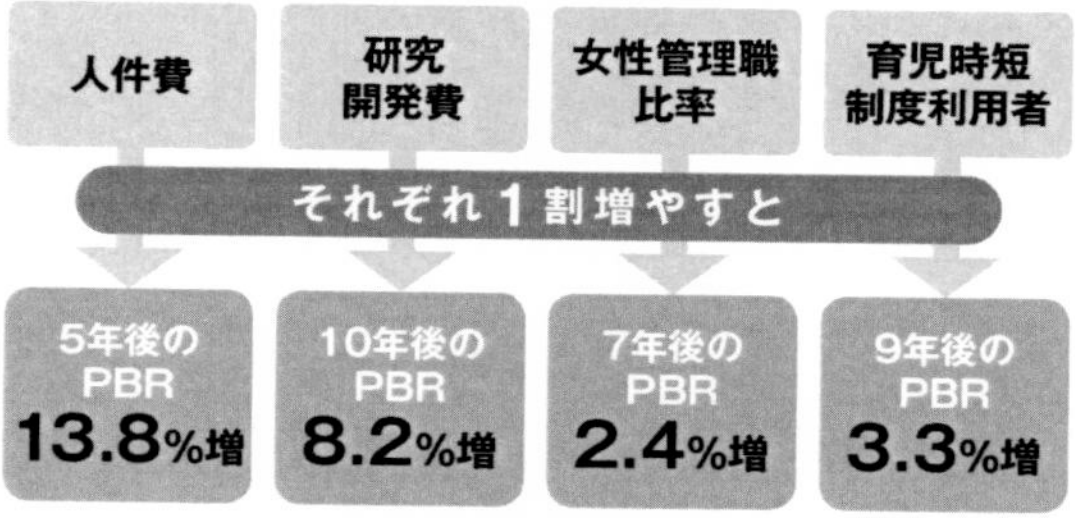

（注）各ESGの指標を説明変数、PBRを目的変数とした、重回帰分析の結果に基づく　（出所）エーザイの資料を基に東洋経済作成

ここでは、人件費を1割増やせば、5年後のＰＢＲが13・8％増えることを示している。ほかにも障害者雇用率や健康診断受診率といった指標の改善でも、ＰＢＲ上昇との関係性を統計学的に説明した。

エーザイが行ったこの分析には、外部には開示していない精緻なインサイダー情報も多く含まれているので、相関が見られるのは同社だけに限られるのではないかと思われるかもしれない。そのため、この分析を行った同社の柳良平ＣＦＯは、国内上場企業を代表するＴＯＰＩＸ100、ＴＯＰＩＸ500銘柄でも同様に、公開されている人件費と研究開発費のみを用いて分析を実施した。

すると、短期的には負の相関（人件費や研究開発費が増えるとＰＢＲは減少する）関係が見られた反面、5年以上の中長期のスパンで見た場合には、どちらの構成銘柄でも、エーザイと同様に正の相関（人件費や研究開発費が増えるとＰＢＲも増加する）関係が判明した。ＥＳＧの取り組みが企業価値に結び付くには、長期的な視点が欠かせないということだ。

注意しなくてはいけないのは、これは統計学的にはあくまで、ＥＳＧ指標とＰＢＲ

の「相関関係」を示したものであること。ESG指標を改善した結果として、PBRが改善したという「因果関係」を証明しているわけではない。柳CFOは、「投資家に因果関係として理解してもらうには、こうしたデータを踏まえて、具体的な取り組みをストーリーとして説明する必要がある」と説く。

柳CFOが開発した分析手法「柳モデル」は、エーザイ以外の企業にも当てはめることができる。KDDIはこのモデルを用いて、温室効果ガスを1割削減すると6年後のPBRが2・4%向上することを決算説明会で開示。またNECも、従業員の研修日数と企業価値の正の相関を証明している。ESGへの取り組みで先頭を走るエーザイの動向からは、投資家も目が離せなくなりそうだ。

（石阪友貴）

【小売り】丸井グループ　環境配慮の「売らない店」伸ばす

「水害による店舗営業休止の収入減19億円」「サステイナブル志向の高いクレジッ

トカード会員の増加による収益26億円」――。小売り大手の丸井グループの統合報告書である「共創経営レポート2020」には、気候変動によるリスクと収益機会の具体的な影響額が並ぶ。

Check Point
実績データを基に影響額明示

水害で利益に49億円マイナスも
―丸井グループの気候変動によるリスクと収益機会―

	世の中の変化	リスク・収益機会の内容	利益への影響額
リスク	台風・豪雨などによる水害	営業休止による不動産賃料収入の減少	▲19億円
		浸水による建物被害	▲30億円
	再エネ需要の増加	再エネ調達によるエネルギーコストの増加	▲8億円（年間）
	環境規制の強化	炭素税による増税	▲22億円（年間）
収益機会	環境意識の向上・ライフスタイルの変化	環境配慮に取り組むテナント導入などによる収益	+19億円
		サステイナブル志向の高いクレジットカード会員の増加	+26億円
		環境配慮に取り組む企業への投資によるリターン	+9億円
		クレジットカード会員の再エネ電力利用による収益	+20億円
	電力調達の多様化	電力の直接仕入れによる中間コスト削減	+3億円（年間）
	環境規制の強化	温室効果ガス排出ゼロ達成による炭素税非課税	+22億円（年間）

（注）2050年までに想定される利益への影響額。リスクは事象が発生した際の影響額、収益機会は長期的な収益（LTV）で算定。▲はマイナス
（出所）丸井グループ「共創経営レポート2020」を基に東洋経済作成

同社は2018年、国内の小売業としては初めてTCFD提言への賛同を表明し、19年3月期の有価証券報告書で情報開示を開始。20年3月期からはリスク、収益機会ともに開示内容を拡充した。

開示する項目の選定と金額の算出では、実際のビジネスから現実離れしないように、開示担当者が事業部門の責任者から直接ヒアリング。「気候変動がビジネスと直結することを理解してもらえるよう、投資家や従業員などに対して、現実的で納得感のある数字を示すことを重視した」。情報開示を担当するサステナビリティ担当の村上奈歩課長はそう説明する。

例えば、台風豪雨の水害による店舗休業の影響額を計算するに当たっては、コロナ禍で20年に休業した際のテナントに対する家賃減免額や、クレジットカード入会者の減少数など、経営の実績データを基にしたという。

丸井グループは、自社店舗に物販・非物販のテナントを誘致して賃料をもらう、ショッピングセンター型のビジネスモデルだ。加えて、来店客らに自社クレジットカードの「エポスカード」に入会してもらい、分割・リボ払いやキャッシングなどの利息で稼ぐ金融事業が主な収益源となっている。

テナントや客も巻き込む

同社のＴＣＦＤ開示は物販ではなく、商品やサービスを体験できる「売らない店」とも直結する。２６年3月期までに売り場面積の7割に拡大する経営方針で、牽引役として期待するのがＤ２Ｃ（ダイレクト・ツー・コンシューマー）と呼ばれるネット通販企業だ。

開示においても、環境配慮に取り組むＤ２Ｃ企業がテナントに入居することによる賃料収入の増加などで１９億円の収益機会がある、と試算。加えて、環境意識の高い消費者がＤ２Ｃ店舗目当てに来店し、クレジットカードの入会・決済利用が増えることでの収益２６億円を見込むなど、実際のビジネスと連動した内容となっている。

リスク・収益機会以外でも２０２６年3月期の二酸化炭素排出量で２１年3月期比１００万トン以上削減を掲げる。ただし、店舗への再生可能エネルギー導入など自社分は10万トンにすぎず、残りは顧客の再エネ利用などが占める。村上氏は「いかにテナントや顧客を巻き込んでいけるかがカギ」と強調。丸井グループの挑戦は環境配慮と収益を両立させる小売業の試金石となりそうだ。

（岸本桂司）

【食品】キリンホールディングス　収穫量の減少を前提に戦略立案

気候変動は農産物の生育環境や収穫量に影響を及ぼす。それが事業に直接インパクトを与えるとの危機感を強める企業の1つが、キリンホールディングス（HD）だ。「最も深刻なのは、栽培に適した土地が限られているホップの収穫量減だ」と語るのは、キリンHDのCSV戦略部シニアアドバイザー、藤原啓一郎氏。ホップはビールの苦みや香りづけに用いる植物で、同社の柱であるビール事業には必須の原料だ。その調達先の北米では、気候変動で栽培が難しくなる可能性があるという。

キリンは国内食品企業でも先駆けて、TCFDの提言に基づいた開示を行った。T

ＣＦＤでは複数のシナリオから前提条件を選ぶことになるが、キリンでは２１００年までの世界平均気温の上昇が、少なくとも５０％の確率で産業革命前比２度に抑えられる場合（２度シナリオ）と、４度となる場合（４度シナリオ）でリスクを比較した。提言の発表は２０１７年。キリンは翌１８年の６月から開示を行っている。

調査の結果、５０年にはほとんどの農産物で大幅に収穫量が減少することが判明。ビールの主原料である大麦やワイン用のブドウも、収穫量が大幅に減ることが予想されている。キリンは対応策として、大麦に依存しない商品や新たな品種の開発を進める。

開示で苦労したのは「論文をそろえること」（藤原氏）。農産物ごとに気候変動の影響に関する論文を参照し、財務影響を試算した。価格変動率の予測データにはばらつきが出る。そこで、２５パーセンタイル（最小値から並べたとき、２５％に位置する値）と７５パーセンタイルの２つの想定で影響幅を示している。この幅が小さいほど、精度は高い。結果、４度シナリオの場合、５０年時点で、費用が最大約１２０億円増える可能性があることがわかった。

農産物の収穫量減で最大120億円のコスト増
—2050年に気温が上昇する場合の財務インパクト—

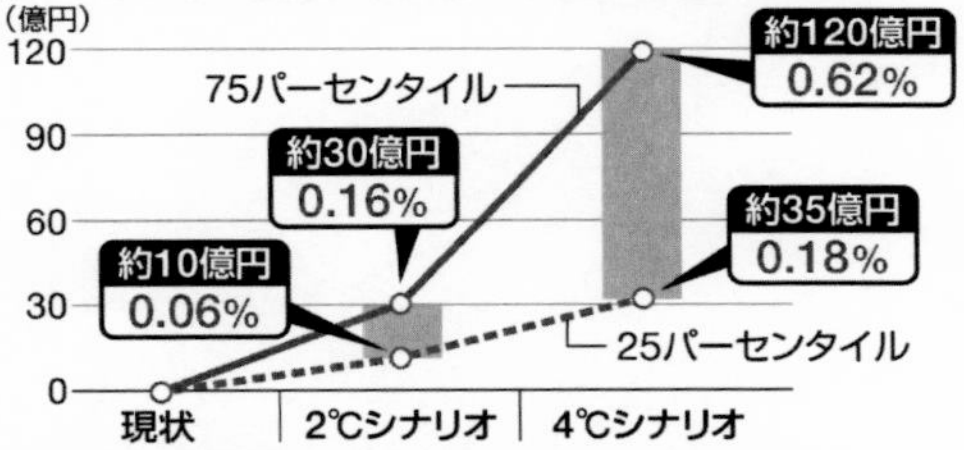

(注)国内飲料事業、オーストラリア・ニュージーランド・ミャンマーのビール事業の主要原料農産物で試算。%は売上収益に占める比率　(出所)キリンホールディングスの資料を基に東洋経済作成

ホップなどは調達国少なく打撃大きい
—主要農産物の収穫量影響度—

大麦	西オーストラリア	▲10〜30%
	フランス	▲10%以上(冬大麦) ▲20%以上(春大麦)
	フィンランド	▲5.9%(春大麦)
ホップ	チェコ	▲8.5%
紅茶葉	インド(ダージリン地方)	▲40〜80%
コーヒー豆	ブラジル	▲55%(アラビカ種) ▲60%(ロブスタ種)

(注)2050年に気温が4℃上昇するシナリオ。▲はマイナス
(出所)キリンホールディングスの資料を基に東洋経済作成

Check Point
できるだけ具体的数字を示す

論文に基づいているがあくまで試算で、仮定の金額である。それでもキリンが具体的な数字を開示するのは、投資家との対話のきっかけになると考えるからだ。

一方で、気候変動により、新たな栽培適地が出てくることを示す論文もあるという。藤原氏は「農産物の品質は気温差が重要で、今後は品質面も分析する必要がある」と慎重にみている。

西日本豪雨でリスク痛感

キリンがいち早く開示に至った背景には、ESG投資への注目の高まりを受け、2010年ごろから環境リスクの把握に取り組んでいたことがある。そこに18年夏、西日本豪雨で、自社の物流網が約1カ月寸断される事態が起きた。たとえ可能性が低くても、事業に大きな影響を与えるリスクを考える必要性を、経営層は痛感した。

こうした意識は他社にも広がる。「気候変動リスクへの対応はコストではなく投資だというトップの意識が強い」と話すのは、不二製油グループ本社で生産性推進グループ、岡崎和宏氏。同社はポテトチップスやチョコレートなど、さまざまな食品に使われる植物性油脂などの原料を取り扱う。

同社の気候変動リスクにも、原料の収穫量減などが挙げられるが、それだけではない。パーム農園の開発が森林破壊につながる可能性があることから、現在は社外企業の搾油工場や膨大な数の農園の把握を進めている。今後はＴＣＦＤに沿って、金額ベースでの影響度開示を行う予定だ。

（兵頭輝夏）

【総合商社】伊藤忠商事　経営トップが強烈にコミット

「自分が過去読んだ統合報告書の中でも最高なものの1つだ」。２０２１年秋、総合商社大手・伊藤忠商事の岡藤正広会長ＣＥＯ（最高経営責任者）宛てにこんな手紙が届いた。

差出人は「オマハの賢人」の異名を持つウォーレン・バフェット氏。世界的に著名な投資家で米バークシャー・ハサウェイのCEOだ。20年8月末にバークシャーが日本の大手総合商社へ投資を進めていたことが明らかになった。バークシャーの投資関連会社が伊藤忠株を5%強を保有している。

伊藤忠の統合報告書は、岡藤会長が直々に筆を執る全6ページの「CEOメッセージ」から始まる。最新の「統合レポート2021」では、墓前で手を合わせる岡藤会長の写真がまず目に飛び込んでくる。時価総額など3指標で業界首位になったことを創業者・伊藤忠兵衛に報告する姿だ。

その写真と共に「喜びを分かち合うのは『三冠』達成が確定した1日だけ」と岡藤会長は過信や慢心を戒める。さらに「環境負荷の低い製品や素材に置き換えていく流れを強く後押ししていきたい」と決意表明が続く。

伊藤忠の統合報告書はこのCEOパートを核とし、各事業部門の成長機会やリスク対応へと落とし込まれていく。「岡藤のパートが出来上がらないと、ほかのパートの制作が進まない。岡藤と十数回、原稿のやり取りをしている」（天野優IR部長）と内情を語る。

トップの強いコミットメントによって現場は非財務情報の開示に積極的になっている。開示に消極的なトップを説得するのに腐心しているほかの日本企業からすれば、うらやましい状況だろう。

人的資本で好循環図る

人的資本の記述も充実している。統合報告書に「『厳しくとも働きがいのある会社』を標榜し、経営トップがその実現にコミット」していると明記。採用の強化や社員の能力開発、朝型勤務制度の導入による効率性の追求、健康力やモチベーション・経営参画意識の向上などのサイクルを促す具体的な施策や成果を示している。

気候変動対策も積極開示。自社が関与するすべての化石燃料・権益のＧＨＧ（温室効果ガス）排出量の開示は業界初だという。また、２０４０年までにＧＨＧ排出量から削減貢献分を差し引くとゼロになる「オフセットゼロ」を目指している。

☑ Check Point

人的資本から環境まで目配り

▌2040年にオフセットゼロへ —温室効果ガス削減への取り組み—

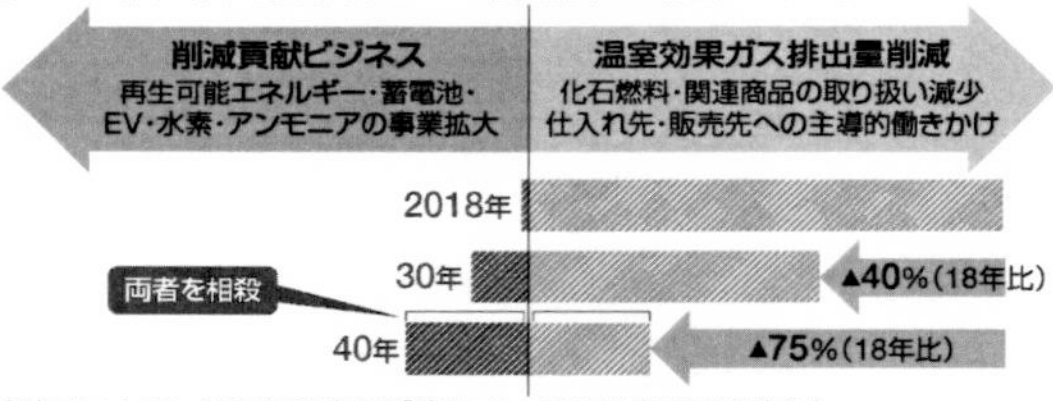

(注)▲はマイナス (出所)伊藤忠商事「統合レポート2021」を基に東洋経済作成

統合報告書では気候変動によるリスクや機会についても言及。平均気温上昇が2度未満の場合と4度程度の2つの場合についてのシナリオ分析をしているとする。伊藤忠のように非財務情報の開示に経営者が強い意志を示しているのは珍しい。トップのリーダーシップによって開示のあり方が大きく変わる好例だろう。今後も開示について総合商社のモデルとなるように期待したいところだ。

（大塚隆史）

【化学】住友化学・帝人「影響は軽微」に隠された事情

大手化学メーカーには事業の特性上、かねて長期のシナリオ分析をやってきた素地がある。他方で素材を提供する側の宿命として、最終製品をつくるメーカーの動向で需要が増減する〝変数〟も非常に大きい。

「装置産業なのでサイクルが長い。30年以上動くプラントもある。投資計画は何十年スパンで先行きを考える。TCFDでもそれ（知見）が生かされている」と住友化学のコーポレートコミュニケーション部長の山内利博氏は語る。

ただ、住化はＴＣＦＤのシナリオ分析の内容を原則的に「機会とリスク」などの箇条書きにとどめている。財務影響の試算に関する具体的な記述はほぼない。

公表のレベルは、地球の気温が４度上昇するシナリオの場合なら機会として「気温上昇・渇水の環境変化に強い作物の市場拡大」などと状況予測を列挙する程度だ。

事業の裾野が広く海外比率も高いだけに、景気動向や為替などの影響も受けやすい。そのため、「気候変動の影響だけを切り出す形では数字を言いにくい」（山内氏）。

定性的な記述が大半の中で目を引くのが「機会に対する目標」で掲げるＳＳＳ認定製品だ。これは、住化が気候変動など環境面の課題解決で需要増を見込む製品群を指す。このＳＳＳ認定製品に関しては、中期経営計画策定に合わせて数年先までとはいえ、目標の売上収益を具体的に公表している。

住化のサステナビリティ推進部主席部員の高崎良久氏は、「化学業界はＧＨＧ（温室効果ガス）の排出量も多く、環境面ではネガティブな印象で見られがち。ポジティブな部分、貢献面も積極的に打ち出したい」と狙いを説明する。

☑ Check Point
環境貢献を積極アピール

環境製品の販売は拡大基調
—住友化学のSSS認定製品の売上収益推移—

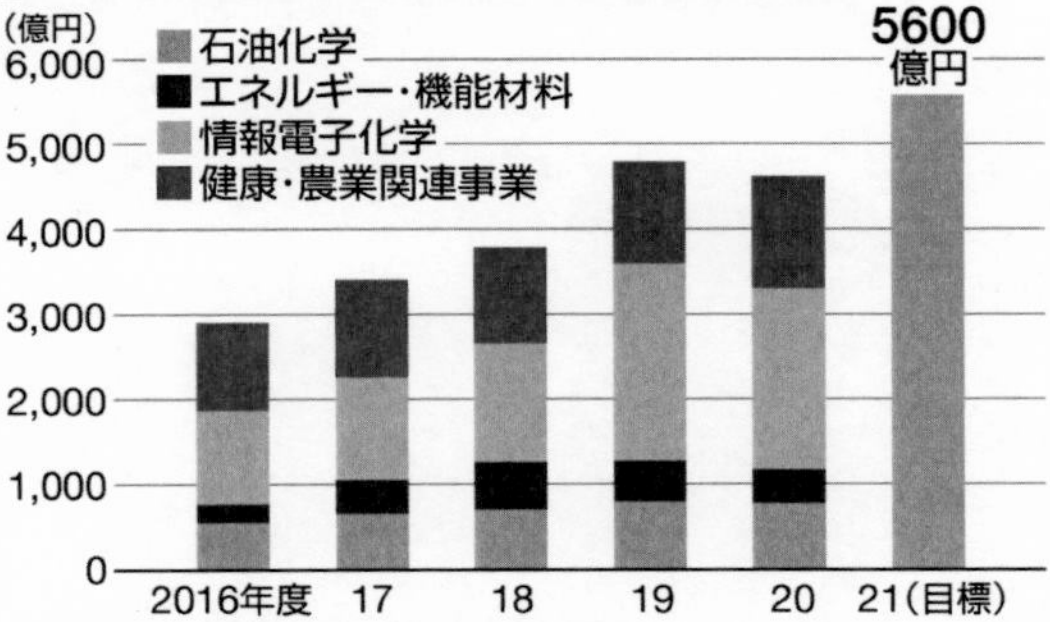

(注)SSS認定製品とは、気候変動対策などによって需要拡大が見込めると同社が独自に認定した製品
(出所)「住友化学レポート2021」を基に東洋経済作成

あえて示した財務影響

一方、帝人はシナリオ分析で、大ざっぱながらも財務影響の試算の結論を示す。

帝人が気候変動影響の大きい事業と位置づけるのは、航空機や自動車向けの炭素繊維や複合成形材料だ。これらについて、地球の気温が2度上昇、4度上昇のいずれの場合でも「損益への影響は軽微」などと明記している。

自動車向けの事業では2度上昇シナリオの場合、電気自動車（EV）が増加して軽量化に貢献する素材の需要が高まるが、自動車の販売台数の増加は限定的になると想定。このほかのいずれのケース分析でも、プラス面とマイナス面が打ち消し合うとしている。

ただ、例えばEV市場は自動車メーカーの戦略次第で大きく変わるなど、実際には先行きが不透明だ。「影響は軽微」という結論に信憑性はあるのか。帝人のCSR管掌補佐の大崎修一氏は「そのとおりになるかは、実はさほど重要ではない。さまざまな想定をして戦略を練り、対応の幅をつけておくことを重視している」と話す。

つまり、リスクと機会を徹底的に洗い出し、「リスクが最大限に具現化するシナリオ下でもそれを補うだけの機会を創出する図上演習が十分にできている」というメッセージとして、あえて「影響は軽微」と書いているわけだ。

大崎氏は「シナリオ分析は備えを考えるうえでよいネタになる。投資家から問われているのは、シナリオがどちらに振れても対応できる戦略をしっかりと考えているかどうか」と語る。

（奥田　貫）

【銀行】メガバンク　株主提案の外圧が開示を促す

気候変動に関する企業の情報開示において、真っ先に対応を求められることになったのが銀行業界だ。いったいなぜか。

企業が事業を行うには資金が必要だ。そして、資金の出し手となるのは銀行。その銀行に〝圧〟をかけて環境への対応が遅れている企業に資金を貸し出しにくくする。そうなると資金を借りたい企業は環境対応を進めざるをえない。結果として全業種で脱炭素の取り組みが進むことが期待できるわけだ。

実際、三井住友フィナンシャルグループ（FG）の太田純社長は「（温室効果ガスを）

どう計測するか、どう削減するかを投融資先と対話し、支援しなければ、われわれの目標も達成できない」と語る。

銀行に対する情報開示の圧力は強くなっている。2021年6月の株主総会では、三菱UFJフィナンシャル・グループに対し、環境団体から株主提案が出た。内容は「パリ協定に沿った計画を策定し、年次報告書にて開示する」ことを求めるものだった。

20年にはみずほFGに対しても同様の株主提案が出された。いずれの提案も否決に終わったものの、一定数の賛成を集めた。関心の高まりを無視できない状況だ。

投融資先の把握も必要

こうした中、メガバンク3行は気候変動に関する情報開示を進めてきた。各社ともに50年までに投融資先を含めた温室効果ガス排出量をゼロとする方針を打ち出したほか、石炭火力発電所への投融資方針も毎年厳格化してきている。

シナリオ分析や炭素関連資産への与信残高も数値が開示されており、着実に進歩している。

☑ Check Point

投融資先の排出量開示が課題

「脱炭素」進めない企業には融資できない

—メガバンクの投融資先に対する基本的方針—

		三菱UFJ FG	三井住友FG	みずほFG
投融資先を含む温室効果ガス排出量目標		2050年までにゼロ(自社は30年までにゼロ)	2050年までにゼロ(自社は30年までにゼロ)	2050年までにゼロ(自社は30年までに19年度比35%減)
石炭火力発電所への投融資方針		新設、既存発電設備の拡張への投融資停止(パリ協定達成に必要な技術を備える場合は検討)	新設、既存発電設備の拡張への投融資停止	新設への投融資停止(温室効果ガス削減のための交換には対応可能性)
投融資先の排出量(Scope3)の開示		レポートでの明示なし	把握・目標策定に言及	計測・目標設定の検討に言及
炭素関連資産(与信残高)		**15.7**兆円	**5.6**兆円	**12.8**兆円
サステイナブルファイナンス目標		30年度までに累計**35**兆円(うち環境18兆円)	29年度までに累計**30**兆円(うち環境20兆円)	30年度までに累計**25**兆円(うち環境12兆円)
シナリオ分析	移行リスク	単年度15億～230億円程度	単年度20億～240億円程度	累計6200億円程度(50年まで)
	物理的リスク	水害 累計380億円程度(50年まで)	水害 累計550億～650億円(50年まで)	水害 累計520億円(50年まで) 感染症 累計40億円(2100年まで)
役員報酬との連動の有無		○ ESG評価機関からの評価改善度を反映	○ ESGへの取り組み、目標達成度などを反映	○ サステイナビリティーを含む中長期的取り組みを総合評価

(注)FGはフィナンシャル(・)グループの略　(出所)各社のサステイナビリティーリポート、TCFDリポートを基に東洋経済作成

一方で、課題も残されている。最大の問題は「スコープ3」の排出量開示だ。「スコープ3」とは間接的な排出量の把握を指し、自社の排出量だけではなく、原材料を製造した際や消費者が自社製品を使用した際の排出量なども含む。銀行の場合は、すべての投融資先の排出量を把握する必要がある。

当然、全投融資先の情報を把握するのは難易度が高い。発電所などの業種に絞った計測や方針の表明にとどまっているのが現状だ。今後の投融資先との対話や支援を通じて、この数値をどれだけ計測できるかに注目が集まっている。

銀行業界としては、地方銀行などメガバンク以外の開示も進めなければならない。2021年には地銀でもTCFDへの賛同表明が相次いだが、具体的な開示が進むのはこれからだ。地方の中小企業まで気候変動対応や排出量の把握を広めるためには、地銀に対する開示の浸透も欠かせない要素の1つになる。

（藤原宏成）

INTERVIEW　柳良平・エーザイ専務執行役CFOが説く

「ESGと高利益とは両立できる」

エーザイ　CFO・柳　良平

ESGの定量化に本格的に取り組むようになったのは2016年。英ロンドンで行われた国際統合報告評議会と国際コーポレート・ガバナンス・ネットワークの共同カンファレンスに参加したのがきっかけだった。

その際、ERP（統合業務システム）大手の独SAPのCFOが、「従業員満足度が1％改善すると、営業利益が50億～60億円上がる」といった傾向を報告した。当時はそれが定量化における最良の事例であり、エーザイではそうした数値の開示はできていなかった。そのため、より精緻でレベルの高いESGの定量化に、強い思いを持って取り組んできた。

日米企業のＰＢＲを比べると、米国は約3倍ある一方、日本は1倍台前半しかない。1倍までは純資産の価値なので、それ以上は〃見えない価値〃である。人的資本や知的資本などの価値ともいえる。

日本企業のＰＢＲが1倍台しかないのは不都合な真実だ。株式市場から、人的資本や知的資本などＥＳＧに関係する〃非財務資本〃の価値がほぼゼロとみられていることになる。潜在的には高いはずの非財務資本の価値を数値化できていないうえ、開示や投資家との対話が不十分で価値が認められていない証拠だ。

外国人投資家と年間200件の面談を行ってきた中で、「日本企業はＥＳＧを〃曖昧なきれい事〃で済ませ、低い株価の言い訳にしている」と言われたこともある。世界の投資家に毎年行うアンケートでは、大半がＥＳＧと企業価値との関連性を知りたがっている。定量的に説明されれば、そのほとんどを株価に織り込むという。

今回示した「柳モデル」は、ＥＳＧ指標などの非財務資本は、将来的に企業価値に織り込まれることを示している。つまりこのモデルなら、外国人投資家が求める高水準の利益と、日本企業の社長が思い浮かべるようなＥＳＧとを両立させることができる。

ただし、ショートターミズム（短期志向）はこの均衡を破壊する。研究開発費を抑え、人件費を削って利益を確保しても、将来的に市場での付加価値は高まらない。このモデルは、投資家からそうした要求があった場合、「NO」と言える根拠にもなる。

もっとも、このモデルが当てはまるのは、PBRが1倍以上の企業だけ。1倍を割るような企業は、まずESGの取り組みを強化して積極的に開示し、説明して企業価値を高めていくべきだ。単に「ホームページに掲載しました」「機関投資家に一度説明しました」だけでは足りない。数字でもって根拠を示し、説明し続ける必要がある。

（談）

柳　良平（やなぎ・りょうへい）

1962年生まれ。早稲田大学商学部卒業。2009年エーザイ入社。15年から現職。

開示が頻繁だと経営が短期志向になるって本当？

四半期開示〝廃止〟の行方

岸田文雄首相が掲げる「新しい資本主義」の眼目の1つが四半期開示の見直しだ。上場企業は3カ月に1度、業績の進捗状況を開示することが金融商品取引法で義務づけられている。この四半期開示が経営者や投資家の短期志向をもたらしているため見直す必要がある、というのが岸田氏の論旨だ。

新興企業の作業負担を軽減するために廃止が必要だという主張もある。ただ、四半期開示がスタートしたのは、新興企業向け市場からだった。

四半期開示は1999年、東京証券取引所がマザーズ市場を開設した際に取引所のルールとして始まった。マザーズ上場企業は業績の変動が大きく、投資家保護の観点から、より頻度の高い業績開示が必要とされた。その後、四半期開示は順次ほぼすべての上場企業に義務づけられた。これまでの導入や議論の経緯を振り返ると、

・〔1999年〕東京証券取引所がマザーズ市場で四半期開示を義務づけ
・〔2003年〕東証が東証1部企業などに四半期開示を義務づけ
・〔2006年1月〕ライブドア事件が発生（ライブドア子会社の自社株売却に関し四半期業績の虚偽記載が発覚）。ただし任意開示だったため、四半期の虚偽記載の責任は問われず
・〔同年6月〕金融商品取引法制定によって四半期報告書の提出が法制化、2008年4月施行
・〔2018年2月〕自民党内に「中長期的経営」議連が発足、岸田文雄氏が会長に就任
・〔同年6月〕金融審議会のワーキング・グループが「現時点で四半期開示は見直さず」とする報告書を提出

・〔2021年8月〕岸田氏が自民党総裁選で「四半期開示の見直し」を掲げる
・〔2022年〕金融審議会のWGが四半期開示見直しを議論へ

一方で、自民党内では近年「四半期開示が企業経営の短期志向を招いている」と指摘する声が上がっていた。2018年、中長期的な視点で企業経営のあり方を検討する議員連盟が発足し、会長には当時政務調査会長だった岸田氏が就任した。議連設立を主導した西田昌司参議院議員は「株主資本主義ではなく、従業員や社会といった公益のための資本主義を目指すべきだと岸田さんに進言し、会長になってもらった」と話す。議連は、『「公益」資本主義』の著者の原丈人氏の考え方を理論的支柱とすべく、講師に招いたこともある。

安倍晋三政権も「未来投資戦略2017」で「企業や投資家の行動が短期主義化している背景の1つに四半期開示があるのではないかという指摘が存在する」と問題提起し、18年、金融庁のディスクロージャーワーキング・グループ（WG）に検討させた。

しかし、WGが当時出した結論は四半期開示を「見直さず」だった。13年以降、コーポレートガバナンス（企業統治）改革やスチュワードシップコード（機関投資家のための行動指針）の策定などで海外の機関投資家が投資しやすい環境の整備に取り組んできており、四半期開示見直しはこうした流れに逆行すると判断されたためだ。海外投資家の離反を招けば株価に悪影響を及ぼすと懸念された。

「短期志向」に根拠なし

そもそも、四半期開示と経営の短期志向との関係については諸説ある。また、四半期開示が中長期経営を妨げているとも断言できない。

企業の開示や市場のルールに詳しい野村総合研究所未来創発センター主席研究員の大崎貞和氏は「四半期開示が経営者の意思決定の短期化を招いたり、逆に、廃止が経営に長期的視点をもたらしたという具体的な証拠はない」と言う。そのうえで「70年代から四半期開示を義務づけてきた米国の企業は、世界で最も競争力が高い。四半期開示は企業の成長を妨げないという証拠ではないか」と指摘する。

日本製鉄の橋本英二社長は21年12月、鉄鋼連盟の会見で本誌記者から四半期開示の是非を問われ、こう答えた。「グローバル企業では四半期単位で開示している。デジタル化が進み決算数字の取りまとめも合理化が進んでいる。やめることに積極的な意義はない」。

まもなく金融庁の金融審議会で四半期開示見直しの議論が始まる。ただ、四半期開示と短期志向の関係性は不透明。産業界からも積極的な要望が薄い中で、議論への関心が高まる気配はない。

（野中大樹）

【開示担当者】誌上覆面座談会

決算数値が中心の財務情報に加え、ＴＣＦＤや人的資本など非財務情報の開示を迫られている企業側はどう受け止めているか。財務担当役員やＩＲ担当者に本音を聞いた。

（編集注・個別取材を基に座談会形式で構成しました）

【金融機関】中堅金融機関・財務担当役員
【ネット系】ネット系企業・ＩＲ担当者
【メーカーＣＦＯ】大手メーカー・ＣＦＯ
【サービスＩＲ】サービス業・ＩＲ担当者
【メーカーＩＲ】中堅メーカー・ＩＲ担当者

――ＴＣＦＤ開示への対応は進んでいますか。

【金融機関】当社はプライム市場に移行する。当然、ＴＣＦＤ開示が必要になる。大手コンサルに対応支援を打診したら「３０００万円くらいかかる」と言われた。あまり名前を知られていないコンサルに見積もりを取ったら「３００万〜５００万円」。差がありすぎて適正な価格がわからない。結局、コンサルが儲かるだけという気がする。

【ネット系】ウチもプライムなのでＴＣＦＤ開示をしないといけないが、インターネットのビジネスだから、「気候変動によるリスクと機会を分析しろ」と言われても正直ピンとこない。拠点も本社とデータセンター、コールセンターで、グリーン電力に切り替えるくらいしかやれることがない。

【メーカーＣＦＯ】それはうらやましい。当社は製造業だからカーボンニュートラルへの対応は大変だ。二酸化炭素（ＣＯ２）など温室効果ガス排出量のスコープ１、２は開示済みだが、スコープ3についてはこれから勉強していくことになる。製品の使用時まで目を向けてCO2排出を減らす必要性は理解するが、ある種の条件で算出した数字にどこまで意味があるのかと疑問に感じている。あと、何をどこまで開示するかがよくわからない。業界団体で他社の動向を見つつ、開示に消極的だと思われないようにしなければ、と正直焦っている。

【金融機関】確かにどの程度まで開示するかは悩ましい。ウチも同業他社の状況を探っている。最終的には同業者の集まりで話し合って「これくらいかな」という横並びの水準に落ち着くのではないか。業界トップはすでにTCFD開示をしているけど、ウチが同じレベルで開示をするのはとても無理だろう。

【サービスIR】プライムを選択したけど、TCFD開示なんてまだ考えられない。IR担当者として言ってはいけないことだろうが、個人的にはプライムの基準がもっと高くあってほしかった。なまじギリギリでクリアできてしまったからこれからが大変だ。株価や採用を考えると、社長はプライムを選択したがる。でも、当社は社長のワンマン経営で、ガバナンスの内実は伴っていない。コーポレートガバナンス・コードだって実施していない原則がたくさんある。中身が伴っていない中、開示強化と言われても現場の負担が増えるだけ。

報酬の中身が不透明

【メーカーIR】当社はスタンダード市場だからTCFD開示をすぐに求められるわけではない。いずれは求められるのだろうが、そうなっても当社の規模だとかなり厳しい。温室効果ガス排出量を調べるところから始めないといけない。それを外部に頼むのか、社内人材で対応できるのかもわからない。スコープ3ともなると、幼稚園児が大学受験するようなもので気が遠くなる。

――監査報酬の値上げ圧力が年々、高まっているとか。監査法人に対して言いたいことは。

【メーカーCFO】監査報酬の水準そのものよりも、担当者の力量について思うところがある。当社は大手監査法人にお願いしているが、業務によっては大手の地方事務所が担当となる。東京の監査チームに比べて地方のチームの能力はかなり落ちる。何かお願いしても、判で押したように「無理」「難しい」と言う。自分たちでは何も決められず、いちいちパートナーに上げることになり、なかなか作業が進まない。

首都圏と地方で担当者の能力に差があるのに監査報酬は同じで、値上げを求めるときの上げ幅も同じ。そこは不満に思う。かなりの高額なのに請求内訳の記載が十分じゃない。監査に関与した担当者ごとの所要時間の開示もない。こんなことはほかの業務、例えば工事見積もりではありえないことだ。

【ネット系】オフィス移転に伴って、これまで使っていた什器を一括で減損して特別損失で処理しようと思った。ちょうど特別利益が出るタイミングだったので。ところが、監査法人から「特損計上は認めない。(営業利益に響く)販売および一般管理費で計上してくれ」と言われた。以前なら特損を認めてくれたと思うのだが。当社は国内基準で決算をしているのに、ＩＦＲＳ（国際会計基準）の考え方が監査法人に影響している。結果、想定していたより営業利益が低い水準になってしまった。

――岸田政権が四半期開示の見直しを提案しました。

【メーカーＩＲ】四半期開示が本当に必要だろうか。株を買ってすぐに売り抜ける投資家も多い。そんなマネーゲームのためなら四半期開示は不要なのでは。株価を上げるべく努力するのは当然だが、四半期開示にはコストもかかっている。そのコストをかけるくらいなら、配当で還元したほうがよっぽど一般投資家のためになるのではないか。

四半期開示は一般投資家のためではなく、外国人投資家やファンドのためでしかない。ＩＦＲＳもそうだ。一般投資家にどこまで浸透しているか疑問だ。企業側が「事業利益」とか「調整後営業利益」といった名称で従来の営業利益や経常利益に近い数値を開示している。これはＩＦＲＳが浸透していない何よりの証拠なのではないか。

【金融機関】いや、開示義務が廃止されても、されなくても同じ。すでに四半期決算の作業はルーチンとしてビルトインされているからね。四半期開示の見直しなんて、産業界の誰が求めているのかね。

【メーカーCFO】義務でなくなったとしても、四半期開示をやめるなんてありえない。海外投資家から開示に後ろ向きというレッテルを貼られるデメリットのほうが大きいから。ただ、全上場会社が同じ基準で四半期開示をする必要があるかという考え方はわかる。スタンダードで、事業は国内中心、株主数も限られているような会社なら、開示項目を減らしてもいいと思う。

横柄な態度に嫌気

【ネット系】取引所の担当者とのやり取りに不満を感じる。決算短信の文言を事前にすり合わせすることがあるが、彼らの要求は抽象的で、何度もやり取りする羽目に。

しかも態度が横柄で嫌になる。四半期開示の廃止よりも、こうした精神的負担が軽減されるほうがよほどありがたい。

――非財務情報では、人的資本の開示が求められそうです。

【メーカーIR】意味のある開示がなされるとは思えない。人的資本について記載しろと言われても「労働組合と残業問題でもめている」なんて書くわけにはいかないし。開示するのは、見栄えのよさそうな内容に限られるのでは。非財務情報の開示を会計士がチェックするとして、監査法人を変更するって切り札を会社が持っている以上、そこだけ急に厳しくなんてならないよ。今だってなぁなぁなんだから（苦笑）。

【メーカーCFO】TCFDにしても、人的資本にしても、それが投資家に求められる以上、企業側としては対応するしかない。確かに費用はかさむし、現場の負担は重くなる。一方で働き方改革は進めないといけないので大変だ。だからといって不満を言っていても仕方ない。

業務についてはＤＸ（デジタルトランスフォーメーション）活用によって効率化を図っていく。ＴＣＦＤ開示の作業を通して、カーボンニュートラルの推進につなげる。人的資本の開示も、それが経営にプラスになるように何とか努力する。どうも優等生的な発言になってしまうが、前向きに捉えるほうがよほど生産的だよ。

（構成・山田雄大）

大手は採算重視、中小は体制整備追い付かず

監査法人　顧客選別で監査難民続出も……

「はっきり言って有価証券報告書は無駄の塊だ。投資家に役立つ情報はほとんどないのに、複雑で膨大な作業を短期間でこなさなければならないのだから」

都内で個人の監査事務所を構える公認会計士はこうぼやく。

会計士の業務負担は度重なる会計基準の変更と規制強化で日に日に重くなっている。IFRS（国際会計基準）は日夜アップデートされており、これと平仄（ひょうそく）を合わせる形で日本国内の会計基準も更新される。不正会計が明らかになれば、会計監査の信頼性を高めようと、規制も強化される。

加えて、非財務情報の開示対象も広がっており、会計士の負荷は高まる一方だ。AI（人工知能）やデジタルツール、外部委託の活用が進んでいるものの、会計士が目

を通さなければならない情報はどんどん増える。業務負担軽減の取り組みが、非財務情報が重視されるようになるなどの変化に追いついていない。

こうした急激な変化のただ中で、会計監査の業界勢力図を塗り替えかねない事態が起きている。これまで上場企業の監査を「寡占」してきた大手の4大監査法人から、準大手や中小の監査法人へと顧客企業が〝流出〟しているのだ。

1年間で120社以上が大手監査法人から乗り換え
―上場会社監査事務所の異動状況―

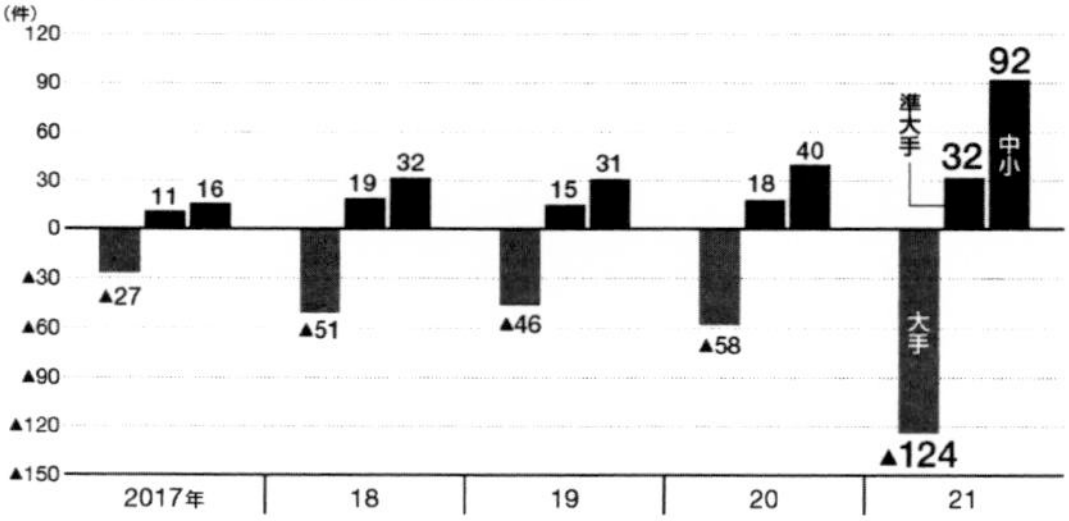

(注)各年6月期。件数は純増減。▲はマイナス　(出所)金融庁の資料を基に東洋経済作成

２０２１年6月までの1年間で１２４社が大手から準大手・中小の監査法人に乗り換えた。変更した理由として企業側が挙げた中で最も多かったのが「監査報酬」だ。

例えば、河川や道路の補強工事を手がける前田工繊は、大手の監査法人トーマツから中堅の清稜監査法人に代えた。同社はその理由を、２０年１１月に提出した臨時報告書の中で「監査報酬が近年、増加傾向にあることなどを契機として、当社の事業規模に適した監査対応と監査費用の相当性を考慮」したためとしている。

「長崎ちゃんぽん」のリンガーハットは、同じく大手のＥＹ新日本監査法人から準大手の太陽監査法人へ変更した。２１年4月提出の臨時報告書によれば「監査継続期間が長期にわたっていること及び当社の事業規模に見合った監査対応と監査報酬の相当性を比較検討」したためだという。

顧客を奪われているように見える大手監査法人は、この状況をどう受け止めているのか。

ＥＹ新日本は、「監査品質向上の社会的要請に対応して手続きが増えていることから、会計士人材不足が生じ、監査報酬の底上げ要因になっている」と背景を分析したうえで、「大手以外の監査法人が充実し、企業にとっての選択肢が広がっている」と平然としている。

業界内部では、むしろ大手監査法人が顧客を選別していると指摘する声も聞かれる。背景には大手のグローバル化がある。大手監査法人は近年、海外大手との関係を強化してきた。4大監査法人のうちトーマツはデロイトと、あずさ監査法人はKPMGと協業関係にあるが、EY新日本とPwCあらた監査法人はさらに踏み込んで、法人名に外資の名を冠するようになった。

「海外大手の考え方が入ってきたことで、より収益性を高めよう、より無駄をなくそうということになり、1人当たりの売り上げをどう増やすかが焦点となっている」（中堅監査法人幹部）。その結果、「規模が小さく手間のかかる顧客には監査法人を交代してもらえ、という話になる」（同）。

『会社四季報』21年4集の調査によれば、全上場企業の65％の監査を4大監査法人で担っている。しかし、大手の思惑どおりだとしても、監査先企業が中小の監査法人へ流出する傾向が続けば、大手を頂点とした監査法人の序列は変わる可能性がある。

準大手・中小が受け皿に

次図は監査法人の業界序列を示したものだ。大手の4大監査法人はいずれも1000人以上の公認会計士を抱えている。上場企業の監査の担い手が大手に偏在しているのもうなずける。

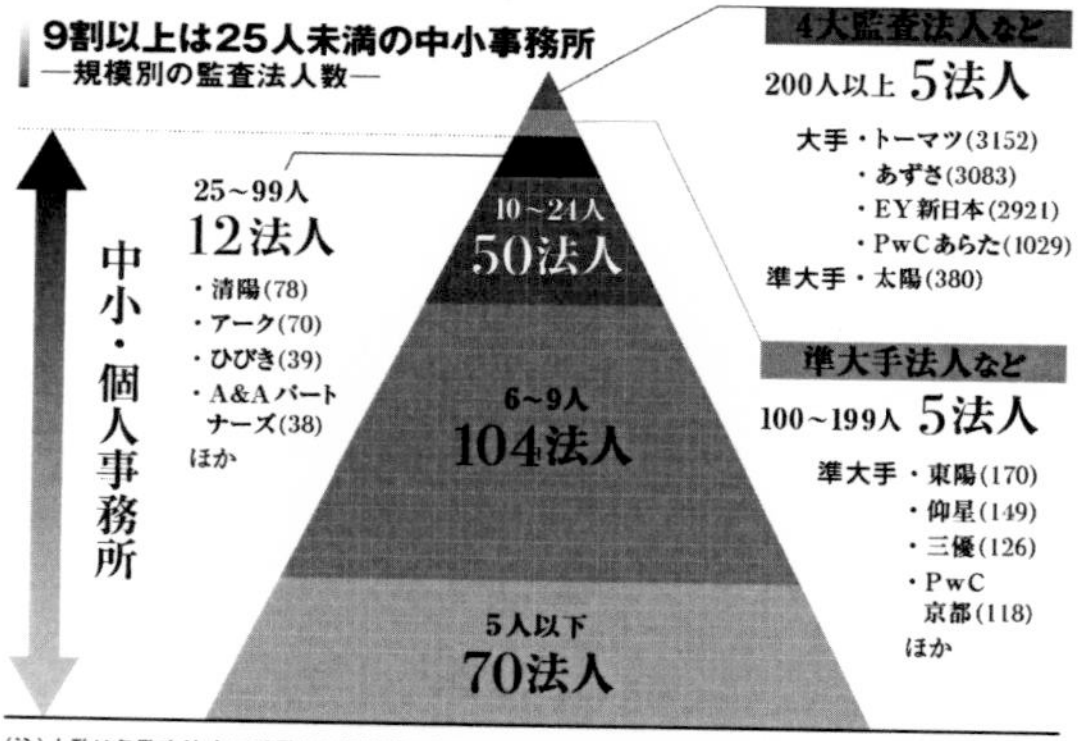

(注)人数は各監査法人に所属する常勤公認会計士の数。2019年度に業務報告書を提出した246法人が集計対象。カッコ内は20年時点の所属公認会計士数で非常勤含まず。5人未満は半年間の猶予期間を経て原則解散。監査法人名は一部略称　(出所)金融庁の資料を基に東洋経済作成

会計士が100人以上所属する法人は全国に10法人しかなく、250近くある監査法人全体の9割が25人未満の中小だ。

もちろん、規模が小さいからといって必ずしも監査の質が低いわけではない。ただ、監査の質を高めるための仕組みを維持するのは、難しいのが実態だ。

「上場企業の監査は1人でも何とかこなせる。しかし、1人で最新の会計基準についていくのは大変。質をチェックしてくれる審査部を事務所に置くには最低でも40人規模は必要だ」（冒頭の会計士）

実際、監査の質を担保する目的で導入された監査法人版のガバナンスコードを受け入れているのは、上場企業の監査ができる140法人のうち、18法人しかない。現行のコードは大手向けの文言が多く、中小には適用しづらいという事情はあるものの、コードの受け入れが裾野まで広がっているとはいえない状況だ。

そうした中小監査法人の能力に疑いを生じさせる事態も起きている。過去5年間で金融庁は6つの中小監査法人を処分。20年にはとくに悪質と判断したケースで5カ月と長期の業務停止処分を下すなど厳しく対応してきた。処分を受けた監査法人は解散に追い込まれている。

ただし、ガバナンスコードに準拠している大手監査法人でも、会計不正を見抜けず、複数の企業について過年度の有価証券報告書を訂正した事例もある。規模の大小が監査の質に直結しているわけではない。

「登録制」法制化の衝撃

監査の質を高めるべく、金融庁肝煎りでスタートしたのが新しい登録制の導入に向けた議論だ。

2021年9月に「会計監査の在り方に関する懇談会（在り方懇）」がスタート。同11月までの短期間に論点整理をした。これを受けて、金融審議会の公認会計士制度部会が検討を開始。22年1月4日に報告書を公表した。

その中心となるのが「上場会社監査事務所登録制度」の法制化だ。

現在でも各証券取引所の規程に、上場企業の監査を行う監査事務所は、日本公認会計士協会に登録されていなければならないという定めはある。しかし、現行の登録制に法的根拠はなく、実効性を疑問視する意見が複数出ていた。

実際、現行の登録制では16年以降、2件しか登録を取り消した例がない。本来ならもっと積極的に検査・処分をするべきだったのではないか、というわけだ。

こうした状況に危機感を覚えた当局は、当初は金融庁自らが主体となって、登録制を運用する可能性も検討していたようだ。

また、今回の「在り方懇」では検査の一本化も議論された。現在、監査法人に対しては、金融庁の公認会計士・監査審査会による「検査」と公認会計士協会による「品質管理レビュー」の2系統の検査が行われている。1つにまとめたほうが人員も充実し、検査の質が上がるという趣旨だった。

検査一本化や登録制の念頭にあるのは海外の制度だ。例えば米国ではPCAOB(公開企業会計監視委員会)が設置されており、第三者が監査業務を検査している。上場会社監査の登録や検査を自主規制に委ねている国は少ない。

だが、会計士協会からの「慎重な対応を求める」という意見も踏まえ、結果的には従来と同様、協会が引き続き検査や登録制の主役を担うことになった。法制化することの意義はあるものの、一歩後退した感は否めない。

それでも中小監査法人は安穏とはしていられない。監査法人版のガバナンスコードは今後改訂される見込みで、コード受け入れが新しい登録制の要件となる可能性が高い。規模が小さい事務所では、コードが求めるチェック体制を構築できない可能性もある。

また、監査事務所に対してガバナンス体制の整備などを求める「品質管理基準」も今般改正され、今後はより高い水準のリスク管理が求められるようになる。

監査以外も焦点に

メインの業務である財務諸表監査の質向上に加えて、コンサルティングなど非監査業務の拡大も課題となっている。非監査業務とはＴＣＦＤ開示のような非財務情報開示についての監査以外の幅広い業務を指す。

大手を中心に非監査の報酬が監査法人の売り上げの中で一定の存在感を示すようになってきた。ＰｗＣあらたのように5割前後のところも出てきている。

PwCあらたの非監査報酬が突出
—非監査報酬比率の推移—

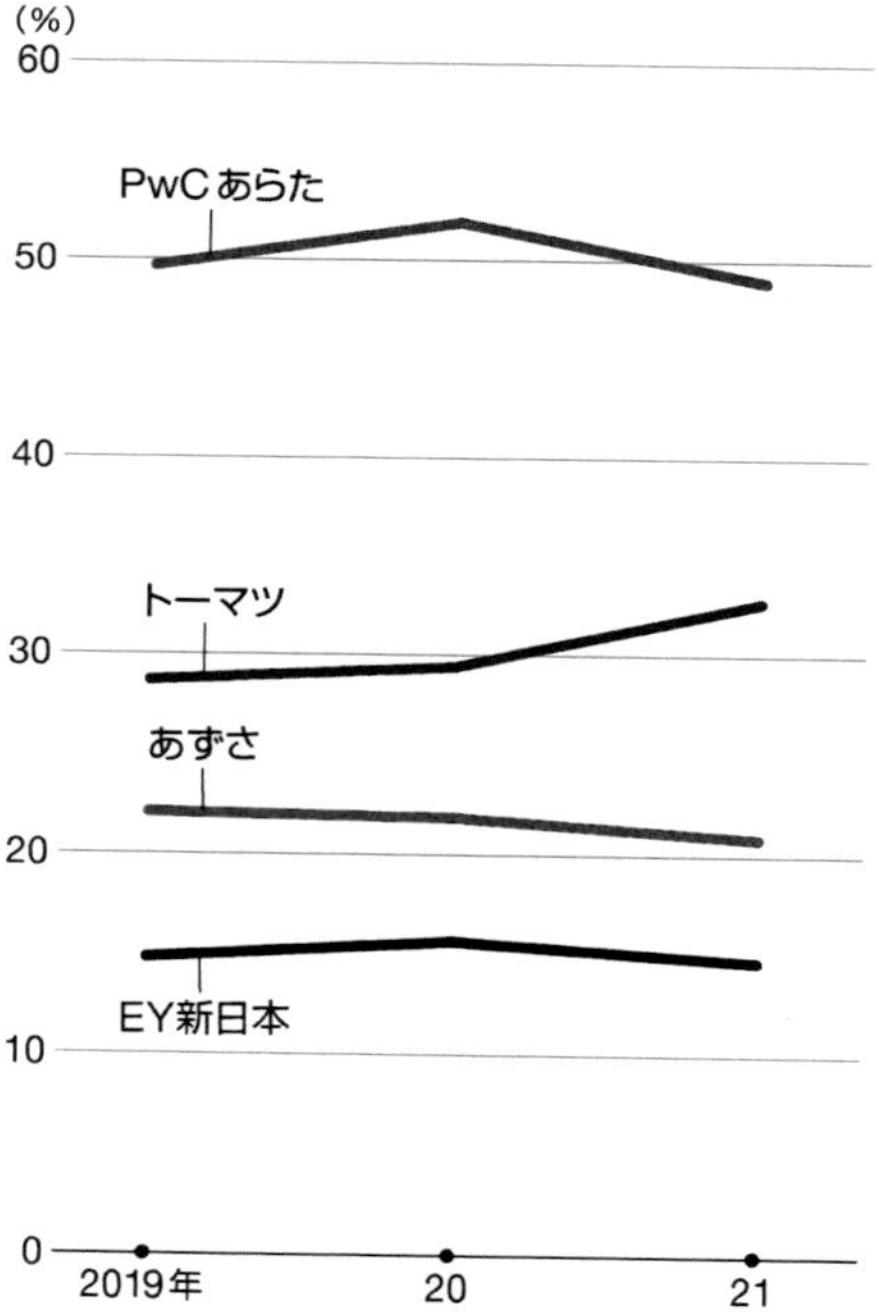

(注)売上高に占める非監査報酬の比率。監査法人名は一部略称　(出所)各監査法人の「業務及び財産の状況に関する説明書類」

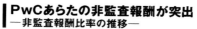

環境変化や規制強化に対応できなければ単独で上場企業の監査を担えなくなるところも出てくるだろう。大手・準大手による吸収や中小同士の合併もありえる。

大手が収益拡大に舵を切る一方で、受け皿になるはずの中小は体制整備に追われる。選別の対象にならないほどの大企業ならばよいが、規模の小さい企業は監査難民になる可能性すらある。

それでも、監査の質向上に向けた取り組みは継続するべきだろう。会計監査の信頼性は、政府が一丸となって進める魅力ある資本市場づくりの根幹だからだ。投資家からの信頼に応えるためにも、もはや後戻りはできない。

（梅垣勇人）

「性急な改革では監査難民を生みかねない」

日本公認会計士協会 会長・手塚正彦

新たな登録制については、制度の立て付けがどうなるのか不明だったので賛否を表明してこなかった。登録要件を官が詳細に決めてしまうと、参入障壁になる。事前審査制のようになると民間の活力を損ねる。結論として2007年から登録制を運用してきた当協会に登録や抹消を委ねてくれるということなので、賛成することにした。

一方で、「在り方懇」では当協会の品質管理レビューを当局の検査に一本化するべきだという発言が出た。これには絶対反対だと言ってきた。官がチェックすることになると、硬直的になり、かえって監査の質が低下する。

銀行検査で課されていた金融検査マニュアルを思い出してほしい。マニュアルが廃止されることになったのは検査で「重大な指摘事項なし」ということが（画一的に）最優先されるようになったからだ。同じことになってはいけない。

自主規制は法の枠内で

金融審議会の公認会計士制度部会で、上場企業の監査をする監査法人の社員が５人だと少ないのではないかという意見も出た。ほかの委員の考えはわかるが、法律で「５人でやっていい」と決められているものを、協会が将来的に見直すというのは難しい。法の枠組みの中で自主規制をやっている。協会が法を超えることはできない。

当協会も危機感は共有している。中小監査法人が監査する上場企業の数が増え、ＩＰＯ（新規株式公開）も担うようになり、ＳＰＡＣ（特別買収目的会社）の導入も議論されている。今のままでよいとは考えておらず、もっと強い監査法人をたくさんつくらないといけないと思っている。

そこで、監査法人版のガバナンスコードの適用拡大や情報開示の充実など、中小監査法人の経営基盤改善に向けた努力をしていく。

品質管理基準も変わり、24年から強制適用になる。そういうイベントもあって、自然に新陳代謝が起こり、監査法人の基盤は強化されていく。上場会社の監査をする体制が不十分なところは退場することになるだろう。

協会の自主規制の実効性についても議論があるが、被疑行為のあったところは処分している。野放しにしていたわけではない。直近で監査法人が厳しい処分を受けるケースもあった。が、その事例（の問題点）がほかの監査法人すべてに共通するわけではない。情報収集や規制当局との共同関係をつくり上げ、よりしっかり処分できるようにしたい。

短期間で急激な改革をやると、監査難民が発生することになりかねない。今後7年ぐらいの間で、それぞれの監査法人が自分の特徴に合った監査先を監査する〝よい市場〟を整備したい。（談）

あの大企業の粉飾も見抜けなかった

なくならない不正会計　企業監査、信頼失墜の歴史

「会計監査の発展の歴史は不正対応と規制強化の繰り返しだ」。会計監査の歴史に詳しい八田進二・青山学院大学名誉教授はそう語る。この言葉を裏付ける文書がある。

「公認会計士の一部には、被監査会社が多額の粉飾経理を行なつているにもかかわらず、監査の実施に当たつて相当の注意を怠つたため粉飾経理の事実を発見できなかつた事例、多額の粉飾経理を行なつている事実を知りながら適切な措置をとらなかつた事例等、監査人が公共的使命をおびた公認会計士としての職責を十分に果たさなかつた事例が相当数見受けられ、誠に遺憾に存じます。」（原文ママ）

東芝事件かオリンパス事件の後にでも出された文書かと思われるが、さにあらず。

これは昭和41年（1966年）に、大蔵省（現財務省）が日本公認会計士協会に厳正な監査の実施を求めた通達である。昔も今も会計不正はなくならない。その都度、監査の厳格化の必要性が叫ばれ、時には法制度の改正も実施されてきた。

大きな影響を与えたのは1965年の山陽特殊製鋼の倒産・粉飾事件だ。小説『華麗なる一族』の題材となったこの事件をきっかけに、監査の中心が個人会計士から監査法人へ移った。

1980年代後半のバブル期に大型事件は起きていない。空前の好景気で粉飾をする必要がなかったか、多少粉飾しても翌期以降につじつまを合わせられたからだろう。反面、バブル崩壊からしばらくすると、次々に事件が表面化する。

97年には北海道拓殖銀行、山一証券などが、98年には日本長期信用銀行や日本債券信用銀行が破綻した。いずれも不良債権の〝飛ばし〟など粉飾決算によって、経営悪化の実態把握が遅れたことが致命傷になった。

この反省から、監査法人や公認会計士が行う監査の品質管理状況について、日本公認会計士協会がレビューする制度が始まった。さらには連結開示やキャッシュフロー会計、時価会計を導入する証券取引法改正につながっていく。

２００１年には世界最大のエネルギー販売会社だった米エンロン、０２年には全米第２位の長距離通信会社だった米ワールドコムが巨額の不正会計の発覚により倒産。両社の監査を行っていた大手の米アーサー・アンダーセンが不正を手助けしていたことが、監査制度の信頼を根本から揺るがした。

不正と規制強化のいたちごっこを続けてきた —会計に関する制度や事件—

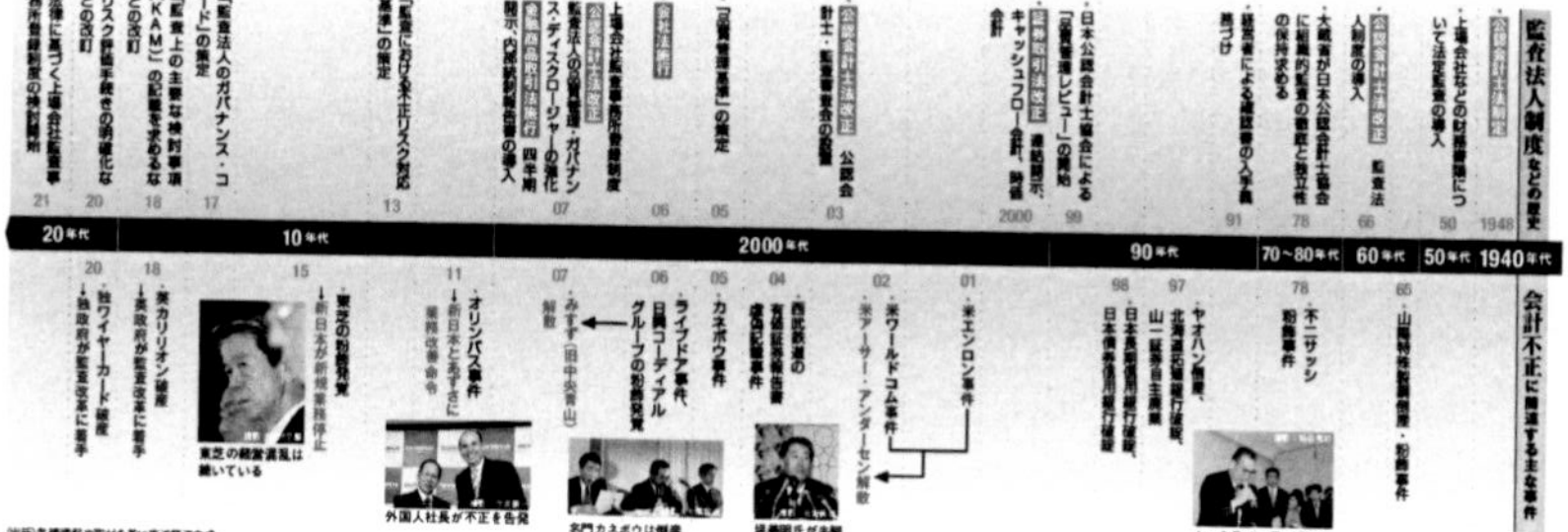

（出所）各種資料や取材を基に東洋経済作成

日米で大手事務所が解散

エンロン・ワールドコム事件をきっかけにアーサー・アンダーセンは解散。米国では企業の内部統制強化を目的とするサーベンス・オックスレイ法（ＳＯＸ法）が成立したほか、監査法人が監査先企業に対してコンサルティング業務などを行うことが禁止された。

日本では名門監査法人の中央青山がカネボウ、ライブドアの子会社などの粉飾事件を受けて業務停止を命じられた。みすずに改称して再出発を図ったが、監査を担当した日興コーディアルグループの粉飾発覚が引き金となり０７年に解散に追い込まれた。

カネボウやライブドアなどの会計不祥事で地に落ちた会計監査の信頼を回復するため、上場会社の監査を行う監査事務所には、日本公認会計士協会への登録を義務づける制度を導入。また、従来の証券取引法を全面改正する形で金融商品取引法が施行され、開示ルールの厳格化などが図られた。

だが、２０１１年にオリンパス、１５年には東芝といった大企業の粉飾が発覚。監査法人のガバナンス・コード（統治指針）の策定など、会計監査の信頼性を高める工夫も凝らされてきた。

それでも粉飾事件はなくならない。業務改善命令など監査法人に対する処分は毎年行われているが、16年度以降、上場会社監査事務所の登録取り消しはわずか2件。最近では、過去に「適正」と出した監査意見を粉飾発覚後に取り下げた事例がある。中には上場前までさかのぼっての訂正もある。それも「不適正」ではなく、「限定付適正」や「意見（結論）不表明」だった。

「不表明は自然災害など不可抗力で監査できない場合に出すもの。不適切な会計処理に絡めて経営者が信頼できないというなら、不適正を出すべきで、不表明は監査法人の職務放棄だ」（八田教授）

今話し合われている新たな上場会社監査事務所登録制度は、従前の自主規制に法的裏付けを与えるものだ。ただし、日本公認会計士協会が実務を担うことに変わりはない。新制度の導入で、不正会計は減るのだろうか。

（山田雄大）

最大は三菱ＵＦＪの５７億円弱　増加倍率はサクサＨＤが首位

【独自調査】監査報酬ランキング

４大監査法人は上場企業から巨額の監査報酬を得ている。報酬額上位３社はメガバンクでいずれも大手が受任。三菱ＵＦＪフィナンシャル・グループ（以下ＦＧ）は監査法人トーマツに５７億円弱、三井住友ＦＧはあずさ監査法人に４１億円、みずほＦＧはＥＹ新日本監査法人に３９億円弱を２０２１年３月期分として払った（左ページ左表）。

上位１０社のうち５社をトーマツが担当。次いで多いのはあずさで３社。ＰｗＣあらた監査法人は１０社目にようやく登場するが、報酬２０億円以上の監査先はない。

監査報酬上位に大企業が並ぶ中、目を引くのが２０位のサクサホールディングス（以下ＴＨＤ）だ。ビジネスホンが主柱、総資産がわずか３６０億円なのにパナソニックやキヤノンをしのぐ１２億円強の監査報酬を払った。支払先はＥＹ新日本である。

支払う報酬が16倍に膨らんだ企業も
―監査報酬の増加倍率ランキング―

順位	社名	増加倍率(倍)	監査報酬(百万円) 前期	監査報酬(百万円) 前々期	監査法人 前期	監査法人 現在
1	サクサHD	16.4	1,216	74	EY新日本	東光
2	ひらまつ	9.9	415	42	EY新日本	ハイビスカス
3	小倉クラッチ	6.3	215	34	あずさ	アヴァンティア
4	ハイアス&カンパニー	5.2	166	32	あずさ→アリア	誠栄
5	参天製薬	4.7	382	81	あずさ	あずさ
6	アルファクスFS	4.4	57	13	東光→アリア	HLB Meisei
7	アジア開発キャピタル	4.1	95	23	アスカ→アリア	アリア
8	シンニッタン	3.4	65	19	新創	新創
〃	理研ビタミン	3.4	341	101	あずさ	あずさ
10	PKSHA Tech	2.9	55	19	あずさ	あずさ
11	アマナ	2.4	112	46	EY新日本	HLB Meisei
12	三菱HCキャピタル	2.3	1,488	640	トーマツ	トーマツ
13	エムスリー	2.2	91	41	PwCあらた	PwCあらた
〃	アークランドサカモト	2.2	116	53	PwCあらた	PwCあらた
15	フルッタフルッタ	2.1	35	17	アリア	みつば
16	レノバ	2.0	96	47	あずさ	あずさ
〃	ダブル・スコープ	2.0	51	25	あずさ	あずさ
〃	AFC-HDアムスLS	2.0	57	28	トーマツ	アヴァンティア
〃	岡藤日産証券HD	2.0	50	25	まほろば	太陽

(注)増加倍率ランキングは2.0倍以上、大きい順。社名・監査法人名は一部略称。監査報酬は同一ネットワークに対する報酬を含まない。「前期」は2021年8月期までの実績決算期が対象。このため9月期決算会社の前期は20年9月期。監査法人の「現在」は1月10日時点。増加倍率ランキングの増加倍率は小数第2位以下を四捨五入。ハイアス&カンパニー、アルファクスFS、アジア開発キャピタルの前期監査法人は期中で交代
(出所)東洋経済新報社のデータサービス「トレンディボ」、「会社四季報」2021年4集、各社の有価証券報告書・適時開示などを基に東洋経済作成

不正会計で報酬急増

増加倍率で見るとサクサは全上場企業で首位だ。サクサがＥＹ新日本に払った報酬は前々期７４００万円なので、増加倍率は１６倍強にもなった。

きっかけは不正会計だった。

サクサは子会社で不適切な会計処理があったことを２０２０年６月に公表。全容解明のための特別調査委員会を立ち上げた。

不正は６決算期に及び、ＥＹ新日本は過年度分の決算訂正を受任。通常の監査は５人程度なのに対し、短期間で過去分の決算訂正をまとめるために大量の人員を投入したことで、過年度訂正分の報酬は９億円に上った。

株主からは「不正を見落としたＥＹ新日本に、なぜ巨額の報酬を払ったのか」と疑問視する声が上がる。不正会計の調査費用と合わせ一連の決算訂正でサクサは２０億円弱の特別損失を２１年３月期に計上した。

増加倍率で２位のひらまつも監査法人はＥＹ新日本だった。前々期の４２００万円から前期は4億1500万円へと約10倍に膨らんだ。原因はサクサと同じく過年度決算訂正だ。ひらまつの社内では「当社の規模に比して監査費用が高すぎる」と悲鳴が上がった。

サクサもひらまつも現在の監査法人はＥＹ新日本ではない。21年6月、サクサでは準大手の東光監査法人に、ひらまつでは中小の監査法人ハイビスカスに交代した。

サクサの場合、交代を申し出たのはＥＹ新日本のほうからだったようだ。「20年11月には『来年度も継続で』と言われていた。それなのに21年3月になって急に退任を告げられた」（丸井武士社長）。サクサ関係者に対し、会計士が謝罪を求めたという情報もある。

不正を見落としたことを棚に上げて謝罪を求めたり、高額報酬を得ることに問題はないか——。本誌の質問にＥＹ新日本は「個社の回答は差し控える」と答えるのみだ。

前々期比で6倍強に増えた小倉クラッチも子会社の過年度決算訂正で監査報酬が激増した。21年6月に大手のあずさから中小の監査法人アヴァンティアへ交代。7位のアジア開発キャピタル、8位の理研ビタミンも主因は不正会計だ。

報酬急増のもう1つの要因がM&A（合併・買収）。10位のPKSHA Technology、12位の三菱HCキャピタル、13位のエムスリーとアークランドサカモト、16位のレノバはM&A後に、監査報酬が2倍～3倍弱になった。

不運や不祥事が重なって会計監査人をくるくると替えた上場企業もある。6位のアルファクス・フード・システムだ。監査法人側で問題が発覚し、監査法人大手門会計事務所との契約を20年1月に解除。東光に代えるも、今度はアルファクスに不適切会計が発覚し、わずか20日間で契約を解除。新たに監査法人アリアが受任した。

そのアリアも1年2カ月足らずで退任。21年9月期は途中からHLB Meisei監査法人に交代した。アルファクスはHLBへの交代を「監査費用の相当性等を検討した結果」としている。

アルファクスの監査報酬は過年度決算訂正で20年9月期に前々期から4・4倍に膨らんだ。監査報酬の過半に当たる3600万円が決算訂正分だった。21年12月27日に提出されたアルファクスの有価証券報告書によれば、21年9月期は監査報酬は2550万円だった。

（野中大樹）

【独自調査】4大監査法人の働き方改革

4大監査法人の一角、あずさ監査法人が新規受注を止めて働き方改革に着手したのは2017年8月だ。「過重労働撲滅プロジェクト」を発足させた。「労働状況に一定の改善が確認できた」として、新規受注をようやく再開したのは、そのプロジェクト発足から1年後のことだった。

この時期は、上場企業が公認会計士の採用に積極的になった時期と一致する。上場各社は、現有スタッフでは目まぐるしく変わる会計基準に対応しきれなくなっていた。戦力として期待できる水準にようやく育った若手が上場企業に引き抜かれる中、人材の流出を食い止めるうえでも監査法人の働き方改革は待ったなしだった。

ほかの大手3法人であるＰｗＣあらた監査法人、監査法人トーマツ、ＥＹ新日本監査法人は、あずさのような新規受注の停止こそしなかったが、どの大手も実は働き方改革に着手していた。監査業務に従事する公認会計士が〝ブラック〟を自称する、労働集約型で過酷な労働環境という点では、どこも同じだからだ。

補助業務の標準化は進む

大手4法人が働き方改革に本格着手してから約4年半が経つ。監査業界の労働環境は変わったのだろうか。今回、4法人に働き方改革で実行した具体策を調査した。

実施済みの施策は補助業務の標準化や自動化、在宅勤務の励行、法人サーバーへのアクセス時間制限の3つだ。

補助業務の標準化や自動化は、4法人のいずれも専門セクションを設置して取り組んでいる。

監査先から提供を受けた決算データを、自社のシステムに入力し直す作業や残高確認状の発送・回収、証憑突合の作業補助などを、会計士資格を持たないスタッフが集中的に手がけている。かつては紙のみだった監査調書の作成も、4法人ともオンラインで完結できるようになっている。

在宅勤務もすっかり定着した。コロナ襲来時、多くの企業が２０年3月下旬もしくは4月から在宅勤務に突入した。これに対し、4法人は基本的に2月からほぼ在宅勤務に移行していた。コロナ以前に在宅勤務を一部導入していたのでスムーズに移行できた面もある。4法人とも、現在も在宅勤務が基本である。

事務所はほぼフリーアドレス化されている。あずさは一部で固定席を残している一方、あらたは代表執行役も含めて完全にフリーアドレスなのだそうだ。一般事業会社でいえば、社長室の廃止に当たるほどの大幅な変更といえる。

4法人で対応が微妙に分かれるのが法人サーバーへのアクセス時間制限だ。あずさは平日２1時まで、トーマツとあらたは平日２２時まで。海外との連絡など時間外のアクセスには上長の許可が要る。新日本は時間制限を設けていない。

合弁設立も進捗は2割

一方で力を入れている施策はＡＩ（人工知能）の活用、残高確認の完全オンライン化の２つだ。

ＡＩは導入済みとはいえ、今のところ４法人とも異常取引の検出に限定されている。かつて異常取引はサンプリングして検証していたが、ＡＩの導入によって全取引についての検証が可能になった。ただ現時点ではＡＩは異常と思われる取引の検出にとどまる。本当に異常かどうかは、当然だが最終的に人が判断する。

銀行預金残高や売掛債権、買掛債務の残高確認は、監査業務の中でも最も重要かつ手間暇がかかる作業の１つだ。従来はすべての金融機関、売掛先、買掛先と紙の確認書を郵送でやり取りしていた。これを完全にオンライン化することを目指し、４法人が合弁で１８年１１月に設立したのが「会計監査確認センター合同会社」だ。監査法人からの確認依頼と被監査会社からの残高確認先の登録を受け付け、一括して確認先に回答を求める仕組みを構築した。

ただ、売掛債権や買掛債務の残高確認先は膨大な数に上る。被監査会社はもちろん、さらにその取引先からも協力を得なければならない。現時点での進捗はおおむね２割で、完全オンライン化のハードルは高いようだ。

かつてに比べれば大手監査法人の作業合理化は大きく前進している。だが、それ以上のスピードで監査すべき項目は増えている。

残業時間管理の徹底で残業時間は減ったが、オンラインで監査調書作成が完結するということは、サーバーにアクセスできなければ仕事にならない。サーバーの稼働時間内に作業を完了させなければならない精神的プレッシャーが、現場スタッフに重くのしかかる。

残業時間は減ってもストレスは高まっている。監査法人の働き方改革はいまだ道半ばといえそうだ。


（ジャーナリスト・伊藤　歩）

配偶者が役員だとパートナーに昇格できない！

法改正で「配偶者問題」解消へ

配偶者の勤務先や地位によってはキャリアアップが阻害される――。公認会計士の人生を左右する問題が解決に向け前進しそうだ。

そもそも、監査法人の就業形態は一般の事業会社と異なり特殊だ。監査法人では一定程度昇進すると「パートナー」になれる。パートナーは従業員や単なる役員ではなく、監査法人に出資する共同経営者だ。500名以上のパートナーが在籍する大手の監査法人もあるが、全員が共同経営者の扱いになっている。

現在の法律では配偶者が〝偉い人〟だと、監査法人のパートナーになれない。例えば以下のようなケースだ。

山田株式会社（以下すべて仮称）の役員を務めるAさんは鈴木監査法人に勤務するBさんと配偶関係にある。Bさんが勤務する鈴木監査法人は山田株式会社を監査している。このとき、Bさんがパートナーに昇格すると、鈴木監査法人は山田株式会社の監査が法律上できなくなる。そのため、Bさんはパートナーへの昇格を諦めざるをえない。逆のパターンもある。Bさんが先に鈴木監査法人のパートナーとなっている場合、Aさんが山田株式会社の役員などになるときに障壁となる。

監査事務所と被監査会社の利益相反を防止するために導入された仕組みだった。ただ、企業の役員、公認会計士とも担い手の多様化が進んでいる。大手を中心に監査法人が大規模化していることもあって、この仕組みには無理が生じている。

今後の公認会計士法改正では、この規制を緩和。パートナーでも配偶者が在籍している企業を担当するチームなどでない限り、法人が監査業務を行うことを認める方向だ。

人手不足の会計士業界にとっても、働きやすい環境づくりは急務だ。迅速な改善に期待したい。

（梅垣勇人）

【会計士】誌上覆面座談会

大手監査法人は働きがいのある職場なのか。現役・OG・OBの公認会計士に話を聞いた。

（個別取材を座談会形式で構成）

【Aさん】大手監査法人　監査部門シニアマネジャー（40歳代男性）
【Bさん】大手監査法人　監査部門マネジャー（40歳代男性）
【Cさん】大手監査法人系コンサル会社シニアアソシエート（30歳代女性）
【Dさん】準大手監査法人系コンサル会社マネジャー（30歳代男性）

――まずは簡単な自己紹介を。

【Aさん】大手監査法人所属で、入所以来ずっと監査業務一筋だ。

【Bさん】僕も。

【Cさん】私は大手で4年間監査を経験した後、別の大手系のコンサルティング会社に転職。今はM&A（合併・買収）のバリュエーション（企業価値評価）をやっている。

【Dさん】僕は準大手で10年間監査をやり、グループ内のコンサル部門に異動した。今はIPO（新規株式公開）の支援をしている。

――【Cさん】さんは資格取得から実質1年で転職されたそうですね。なぜですか。

【Cさん】監査業務に飽きたから。仕事自体、単調だからね。それに私が監査法人にいた頃は長時間労働が常態化していたし。

――【Dさん】さんはいかがですか。

【Dさん】僕は10年間監査をやって、監査業務で学ぶべきことは〝ほぼ学び尽くした〟感があった。会計基準は毎年変わっていくけれど、監査という仕事の本質は変わらない。ほかのことがやってみたくなって、社内公募で手を挙げたら希望がかなった。

――監査業務に戻りたいと思うことはないのですか。

【Dさん】ない。今やっているIPO支援には、付加価値を生み出している手応えがあるから。

【Cさん】私も戻りたくない。私たちはM&Aの裏方だが、自分の手がけた案件が新聞に載ったりすると、達成感がある。

――【Bさん】さんは他業務をやりたくなったことは一度もないのですか。

【Bさん】ないね。僕、監査が好きなので。今は上から下まで作業に追われて皆、余裕がなくなっているが、僕が入った頃は先輩や上司から監査の面白さをまだ教えてもらえた。そのことが大きい。

――【Aさん】さんはいかがですか。

【Aさん】僕もそうかな。あとは会計士の転職適齢期、30歳前後で監査の現場の最前線で戦力になってきた頃の先輩や同僚がいい人たちばかりだった。そのときに辞めなかったから、今もそのまま居続けている。

先鋭化する監査先の選別

――ここ数年、大手から準大手や中小の監査法人に乗り換える動きが上場企業で加速しています。

【Aさん】大手は業務ツールや営業管理システムがグローバルで統一されていて、監査先の規模に関係なく、やることは一緒だ。一方で、確認すべきこと、つまり「工数」は増える一方だから、どうしても監査報酬の値上げは求めざるをえない。また、パートナークラス（の経営幹部）は採算のノルマを抱えていて、「低採算の監査先からは撤退したい」というのが偽らざる本音だ。ここだけの話、「監査報酬が年300万円以下のところはどうやっても採算が取れないから切れ」「年1000万円前後は経過観察」なんて指令も上からは出ている。

【Bさん】僕が「結構、悩ましいな」と思うのは、長年同じ人が経理部長をやっている、業歴が長い割には小規模な上場会社だ。大昔は監査法人が手取り足取り指導して、極端な場合、事実上決算書を作ってあげているも同然な監査先も中にはあったそうだ。その時代のことを持ち出して、「昔はよく面倒を見てくれたのに、今は冷たい」とか言われる。

【Cさん】監査法人の独立性がうるさく言われている中で、そんなことしたら即、業務停止を食らうのでは？

【Bさん】そうなんだけど、ここ数年の会計基準の変更に会社側が追いつけなくなって、監査法人に許されている指導機能以上のことを当然のように求めてくる。それでけんかになるというのはある。

【Dさん】企業が4大監査法人出身の会計士の雇用を増やしているのも、そのあたりが原因だ。上場会社であり続けたいなら、管理部門にも相応の投資をしないとダメなんだけど、経営者が管理部門にお金を使いたくないと、変化に対応できない経理部長を温存してしまう。それだと、その会社の将来を担う若い社員たちも気の毒だ。

【Bさん】ちなみに、監査報酬が上がっても、僕らの給料はほとんど上がっていない。

残業時間は減ったけど

――内部向けの事務作業に膨大な労力がかかっているとか。

【Dさん】今の監査の約7割は内部向けだ。たった1通の監査報告書を作成するための「監査調書」という内部向け資料を作るのが大変だ。監査法人内や日本公認会計士協会、金融庁のレビューで突っ込まれても大丈夫なように、確認した事項をすべて事細かに記録に残している。具体的にはチェックリストみたいなものを埋めていく単純な作業だから、結構不毛だ。

品質管理上、必要なものではある。一方で、僕の経験だとチェック項目が増えることはあっても、減ったためしがない。

【Aさん】分析にＡＩ（人工知能）を使ったり、補助業務を扱う専門の部署をつくったりして会計士の負担を減らしてはいる。それでも、それを上回るペースで内部向けの確認事項が増えていく。だから、会計士の負担は減らない。

――本社サーバーへのアクセス時間制限などの影響で、残業時間自体は減っているのでは？

【Bさん】残業時間は減っているが、業務量は増えている。限られた時間内に作業を終えるため、執務時間中はもう皆必死だ。サブロク協定（労働基準法３６条に基づく労使協定）を守るため、労働時間管理は厳格化している。だから「若手の作業が終わらなそう」となったら、中間管理職が代わって作業する。そのせいで上司も自分の作業に必死だ。部下の気持ちなんて考えている余裕がない。

残業時間が減ったのはいいけれど、執務時間中のストレスは、以前よりも格段に高まっている。

【Dさん】系列の監査法人の若手から聞いたところでは、最近は若手だけじゃなく、監査現場を任されている主査クラスでも、ある日突然、心を病んで、連絡が取れなくなってしまう人がいるらしい。

【Cさん】私が監査法人にいた頃も、若い人の中には心を病む人がまあまあいたけど、主査クラスまでっていうのはなかった。深刻だね。

【Bさん】コロナ禍の影響もあるよ。今は基本的に在宅だから、作業もリモートで行っている。
コロナ前だったら監査先の「監査部屋」で作業していたから、若手が単純な作業をやっている横で、マネジャークラスが経理部長やCFO（最高財務責任者）と会計処理の方針についての議論なんかをやっていた。自然にそのやり取りが耳に入ってきて、自分がやっていることの意味とか、将来展望とかを描きやすかった。けれど今はリアルで1度も会ったことがない人と、リモートでやり取りしているだけ。だから、若手はすごく孤独なのだろう。上司もそこをサポートできるだけの余裕が正直ない。

【Aさん】若手は基本、リモートでもカメラをオフにする。だからこっちは顔色すら把握できない。でもカメラオンは強制できない。

【Cさん】私も化粧をしていないときは画面を消している。

【Bさん】僕は監査が好きだし、シニアスタッフが監査の全体像を見せることができれば、ジュニアスタッフに監査の面白さを理解してもらえると思う。ただ、今の状態では難しいかもしれない。残業時間を守ること自体は正しいけれど、守ることが目的化してしまい、皆が疲弊している。これは何とかしたい、何とかしなければいけないと思っているのだが……。

（聞き手・ジャーナリスト　伊藤　歩）

「高ROEだけではダメ　TCFDや人的資本の開示充実は待ったなし」

一橋大学　CFO教育研究センター長・伊藤邦雄

機関投資家は気候変動関連のリスクや機会、人的資本など、非財務情報の開示や充実をますます求めるようになっている。その背景は大きく3つある。

1つ目は会計の地殻変動だ。財務諸表に載っている情報だけでは、株価や企業価値を十分に説明できなくなった。かつては最新の生産設備などピカピカの有形資産を持っていれば競争力が上がり、ひいては企業価値も高まった。ところが1990年代後半以降、企業価値を高めるドライバーが無形資産へと移った。

有形資産は財務諸表に載っている。ところが、無形資産は一部のソフトウェアや「買収（時に計上する）のれん」くらいしかない。すると、企業価値を調べようとして財務諸表を見ても、よくわからない。そんな状況が続いている。

私はこれを「1993年問題」と呼んでいる。93年ごろに、米国では無形資産への投資額が有形資産への投資額を上回ったからだ。その5年後の98年に米グーグルが設立。2000年代にGAFAが目ざましい成長を遂げた。

2つ目は国連のPRI（責任投資原則）に盛り込まれたことだ。PRIに署名しないと、機関投資家は大口顧客のGPIF（年金積立金管理運用独立行政法人）などから運用を任せてもらえないが、その投資原則に非財務情報であるESG（環境・社会・企業統治）情報の分析が盛り込まれた。2006年のことだ。当時のコフィー・アナン事務総長が提唱した。

アナン氏は当時、短期的な儲け主義で地球環境が荒らされていることを憂慮した。ただ、国連が唱えるだけではパワーが弱い。そこで年金基金が用いる投資原則に加えることで民間の金融セクターを巻き込み、影響力を高めた。

3つ目は長期保有リスクへの関心の高まりだ。年金など長期資産の運用中に、何が起こるかわからない。投資先が変化に適応できるかが知りたい。しかし企業をじっと見つめるだけでは、適応力があるかどうかはわからない。そこで適応力を示す指標が必要になる。その代理変数として脚光を浴びたのがE（環境）、S（社会）、G（企業統治）だった。

ESGにきちんと取り組んでいれば環境や社会の変化への適応力があるだろう、不祥事が起きる可能性も低いだろうということで、ESGが注目を集めた。そこにSDGs（持続可能な開発目標）の流れが重なり、非財務情報への関心が高まった。

ただ、各企業が独自のフレームワークで情報開示をしたら、投資家は比較しようがない。そこから、15年に主要国の中央銀行や金融当局が集まる金融安定理事会（FSB）で話し合い、「気候関連財務情報開示タスクフォース（TCFD）」ができた。

効率一辺倒ではダメ

人的資本は最も重要な非財務情報だ。GAFAと日本企業とで企業価値に雲泥の差があるのは、日本企業が人的資本にあまりにも投資してこなかったからだ。

最近、人的資源といわずに「人的資本」というようになったのには深い訳がある。人的資源といった途端、次に来るのは「管理」だからだ。今までは管理ばかりしてきた。人を管理することで分母の投入資源をできるだけ抑えて、効率を上げることを考えてきた。しかしこれからは違う。

脱炭素やDXを進めるうえで、今までの人でやれるなら苦労しないが、そういうわけにもいかない。求められる人的資本の配置も当然変わってくる。分子のアウトカムを最大化するために、効果的な人的資本への投資を考えることが重要だ。適切な環境を与えれば、人的資本の価値は増大する。価値が伸び縮みするのが人的資本だ。

日本企業は効率改善が得意。だが今までのように効率一辺倒でやっていては、イノベーションは生まれない。イノベーションは大事だと言いながら、効率重視で人を管理するというのは矛盾だ。早くこの矛盾に気づかないといけない。

必要な人的資本とのギャップを可視化することがまず大事だ。目指す経営戦略やビジネスモデルと、現有の人的資本とではギャップがあるはず。だが、そのギャップを「見える化」できていないから、なかなか対策が出てこない。

欧米企業ならば新しい戦略にぴったり合う人的資本をすぐ外部から採ってこられるかもしれない。ところが日本企業ではそうはいかない。今後の戦略に合わなくてもクビを切るわけにはいかず、ギャップのある人材を抱えたままだ。

そこでリスキル（同一人物での能力の組み替え）が必要になる。だが、日本企業はおそろしいほど人材投資をしてこなかった。例えば、課長になったときの研修を1日で済ますことは今でもザラだ。

「日本企業は社員に優しい」とずっといわれてきた。おいそれとクビを切らないという点では優しかった。けれど、それは「あなたの雇用は守りますよ、その代わり、会社の言うことを聞いてくださいね」という底の浅い優しさだったのではないか。他社や異業種でも通用するようにピカピカに磨いてあげる、というような本当の優しさからは程遠いのではないか。

非財務が価値を決める

2014年に公表した「伊藤レポート」では「最低限8％を上回るROEを達成することに各企業はコミットすべきである」と書いた。裏を返せば、かつての投資スタイルでは1つの軸だけを見ていればよかった。わかりやすくいえば、投資先の企業が儲かるか、儲からないか、だけだった。

17年公表の「伊藤レポート2・0」では、社会課題を解決する能力というもう1つの軸も見なければならないことを指摘した。

ROEを縦軸に、ESGへの適応力を横軸に取ると、企業は4象限に分かれる。ROEもESGへの適応力も高い右上の第1象限、そこから反時計回りに、左上はROEが高いがESGへの適応力の低い第2象限、左下はどちらも低い第3象限、右下はESGへの適応力が高いがROEの低い第4象限という具合だ。

このうち第3象限は論外、第4象限は投資先というよりも慈善事業に近い。投資対象はROEが高い第1象限か第2象限に属する企業だが、世界の長期投資家はROEもESGへの適応力も高い第1象限の企業へと舵を切っている。

さらにこれからは、人的資本への投資の中身も問われるようになる。そこで20年に「人材版伊藤レポート」を公表した。

人的資本も含めた非財務情報の開示がこれからの企業価値を決める。高ROEを達成しつつ、ESGへの適応力を高め、TCFDや人的資本など非財務情報の開示を充実させなければ、長期の投資家に見向きもされない。世界はすでにそんな時代に突入している。

（聞き手・山田雄一郎、梅垣勇人）

伊藤邦雄（いとう・くにお）

1951年生まれ。75年一橋大学商学部卒業、92年同大教授。2014年に公表した「伊藤レポート」で時の人に。15年同大CFO教育研究センター長。19年TCFDコンソーシアム会長。「持続的な企業価値の向上と人的資本に関する研究会」座長として20年9月「人材版伊藤レポート」を取りまとめた。

【週刊東洋経済】

本書は、東洋経済新報社『週刊東洋経済』2022年1月22日号より抜粋、加筆修正のうえ制作しています。この記事が完全収録された底本をはじめ、雑誌バックナンバーは小社ホームページからもお求めいただけます。

小社では、『週刊東洋経済 eビジネス新書』シリーズをはじめ、このほかにも多数の電子書籍ラインナップをそろえております。ぜひストアにて「東洋経済」で検索してみてください。

『週刊東洋経済 eビジネス新書』シリーズ

No.381　医療テック最前線
No.382　漂流する東芝
No.383　不動産投資　光と影
No.384　コンサル全解明
No.385　大転換の商社ビジネス

No.386　会社とジェンダー
No.387　全解明　経済安全保障
No.388　ソニー　掛け算の経営
No.389　2050年の中国〔前編〕
No.390　2050年の中国〔後編〕
No.391　相続の新常識
No.392　無敵の文章術
No.393　物流　頂上決戦
No.394　すごいベンチャー2021〔前編〕
No.395　すごいベンチャー2021〔後編〕
No.396　米国株　超入門
No.397　ビジネスと人権
No.398　無敵の話し方
No.399　EV　産業革命

No.400　実家のしまい方
No.401　みずほ　解けない呪縛
No.402　私大トップ校　次の戦略
No.403　ニッポン再生　7つの論点
No.404　マンション管理
No.405　学び直しの「近現代史」
No.406　電池　世界争奪戦
No.407　定年格差　シニアの働き方
No.408　今を語る16の視点　2022
No.409　狙われる富裕層
No.410　ライフシフト超入門

週刊東洋経済eビジネス新書　No.411
企業価値の新常識

【本誌（底本）】
編集局　梅垣勇人、山田雄一郎、山田雄大、大野和幸
デザイン　池田　梢、小林由依
進行管理　下村　恵
発行日　2022年1月22日

【電子版】
編集制作　塚田由紀夫、長谷川　隆
デザイン　大村善久
制作協力　丸井工文社
発行日　2022年11月17日　Ver.1

発行所　〒103-8345
東京都中央区日本橋本石町1-2-1
東洋経済新報社
電話　東洋経済カスタマーセンター
03（6386）1040
https://toyokeizai.net/
発行人　駒橋憲一

本書に掲載している記事、写真、図表、データ等は、著作権法や不正競争防止法をはじめとする各種法律で保護されています。当社の許諾を得ることなく、本誌の全部または一部を、複製、翻案、公衆送信する等の利用はできません。

もしこれらに違反した場合、たとえそれが軽微な利用であったとしても、当社の利益を不当に害する行為として損害賠償その他の法的措置を講ずることがありますのでご注意ください。本誌の利用をご希望の場合は、事前に当社（TEL：03－6386－1040もしくは当社ホームページの「転載申請入力フォーム」）までお問い合わせください。

※本刊行物は、電子書籍版に基づいてプリントオンデマンド版として作成されたものです。